스포츠를 알면 뇌가 똑똑해진다

수학 박사 야구 천재

사진 제공
삼성 라이온즈, 넥센 히어로즈, NC 다이노스, LG 트윈스, SK 와이번스, 두산 베어스, 롯데 자이언츠, KIA 타이거즈, 한화 이글스, KT 위즈

스포츠를 알면 뇌가 똑똑해진다
수학 박사 야구 천재

1판 1쇄 발행 2015년 3월 9일
1판 6쇄 발행 2024년 2월 15일

지은이 윤승옥
그린이 이동희

발행처 고즈윈
발행인 고찬규

신고번호 제300-2005-176호
신고일자 2005년 10월 14일

주소 (121-896) 서울특별시 마포구 동교로13길 34(서교동 474-13)
전화 02-325-5676
팩스 02-333-5980

저작권자 ⓒ 2015 윤승옥 이동희
이 책의 저작권자는 위와 같습니다.
저작권자의 동의 없이 내용의 일부를 인용하거나 발췌하는 것을 금합니다.

값은 표지에 있습니다.
ISBN 978-89-92975-86-5 73690

스포츠를 알면 뇌가 똑똑해진다

수학 박사 & 야구 천재

윤승옥 글 | 이동희 그림

고즈윈
God'sWin

 서문

스포츠가 똑똑한 뇌를 만든다!

**왜 동물에게는 뇌가 있고,
식물은 뇌가 없을까요?**

혹시 그 이유를 생각해 본 적 있나요?

정답은 바로 '운동'입니다. 식물은 늘 같은 자리에만 있고, 동물은 움직이죠? 동물이 '몸을 움직이기 위해' 뇌가 필요한 거랍니다. 여러분이 움직이려면 뇌는 복잡한 계산을 해야 돼요.

가장 쉬운 운동이 '걷기'죠? 그런데 이때 사용되는 팔다리 근육이 100개가 넘는다고 해요. 뇌는 100개가 넘는 근육을 순서대로 움직이고, 또 균형도 정확히 잡아 줘요. 만약 뇌가 실수하면 어떻게 될까요? '꽈당' 넘어집니다. 그래서 뇌가 똑똑해야 운동도 잘하겠죠?

그럼 똑똑한 뇌를 만드는 방법은 혹시 운동과 관계가 있을까요? 당연하죠. 운동을 하면 뇌가 똑똑해져요. 더 어려운 동작을 계산해야 하니까요. 뇌를 연구하는 박사님이 계세요. 이 박사님이 라디오 프로그램에 나와서 학부모와 상담을 하셨어요.

"우리 아이가 수학을 못해서 걱정입니다."

"어머니, 그럼 아이가 운동은 잘합니까?"

"네? 수학 얘기하는데 왜 운동을 물어보시죠?"

"아이 수학 실력과 운동은 관련이 높아요. 수학 실력을 향상시키려면 운동을 먼저 시켜야 합니다."

경력 20년의 고등학교 선생님도 같은 말씀을 하셨어요.

"공부 잘하는 애들이 운동도 잘하고, 운동 잘하는 애가 공부도 잘하더라고요."

증거가 있냐고요?

미국에 네이퍼빌 센트럴 고등학교가 있어요. 매일 아침 전교생이 1.6킬로미터를 뛴다고 해요. 처음엔 학생들이 아우성이었죠. 아침부터 힘들다고요. 그런데 얼마 안 가서 기적이 탄생했어요. 읽기 능력을 측정했더니 무려 17퍼센트나 좋아진 겁니다. 또 전 세계의 학생들이 참가하는 학업 성취도 평가인 팀스TIMSS에서 과학 1등, 수학 6등을 차지했어요. 그래서 우리나라 민족사관고등학교도 체육에 많은 신경을 쓰고 있어요.

수학은 참 중요해요. '아이폰'을 만든 스티브 잡스도 수학의 도움으로 〈토이 스토리〉라는 애니메이션을 만들었어요. '인터넷 공룡' 구글도 수학을 이용해 정교한 검색 엔진을 만들면서 지금처럼 성장했고요. 과학 기술, 금융, 스포츠, 예술 등 수학이 안 쓰이는 데가 없어요. 그런데 수학은 골치 아프고, 너무 어렵죠. 세상에 쉽고, 재미있는 수학 공부 방법이 있을까요?

당연히 있죠. 짐작하겠지만 바로 스포츠입니다. 스포츠로 수학 두뇌를 키우고, 또 스포츠로 수학 공부를 하는 겁니다. 이런 걸 '일석이조'라고 하죠.

그럼 스포츠는 어떻게 시작하죠?

일단 알아야 재미있게 즐길 수 있어요. 이 책에는 스포츠와 수학이 친구처럼 등장합니다. 둘 모두를 한 방에 잡을 수 있어요.

엄마, 아빠와 함께하면 더 좋습니다. 어려운 부분이 나오면 엄마나 아빠에게 물어보세요. 복잡한 계산도 같이 해 보고요. 중요한 건 운동도 꼭 같이 하세요.

그러면 여러분의 몸과 수학 두뇌는 폭풍 성장합니다. 스포츠를 보는 것도 중요해요. 주말이면 야구장이나 축구장 등 경기장을 직접 찾아가 관람하세요. 스트레스도 풀리고, 학습적으로도 좋은 자극이 됩니다.

특히 야구는 엄청나게 많은 숫자가 사용되는 종목이라서, 그 숫자에 익숙해지면 자연스럽게 수학 공부도 할 수 있어요.

수학 공부의 왕도는 이미 여러분 손에 쥐어져 있습니다. 이렇게 소리를 치면 시작이 됩니다.

"플레이 볼!"

서문
스포츠가 똑똑한 뇌를 만든다! …4
수학이 지겨워? 그럼 야구장으로 GO! …12
▪ 뉴욕 타임스도 반한 한국 야구! …17

2장
도형과 넓이

뜻밖의 행운 아도라! …50
▪ 야구공 만드는 방법 …52
야구공이 뭘 닮았게? …53
▪ 푸른 지구와 닮은 하얀 야구공 …54
홈 플레이트는 왜 오각형일까? …56
▪ 보이지 않는 선, 스트라이크 존 …58
초등학생이 프로 야구 선수를? …60
▪ 1미터 9센티미터 비밀 병기 '가이델' …61
오각형은 힘이 세다? …62
▪ 야구의 펜타곤, 홈 플레이트! …63
홈 플레이트의 또 다른 역할! …66
▪ 녹색 다이아몬드 …67
야구 박사는 도형 박사! …69

1장
약수와 배수

3의 배수만 알면 규칙을 알 수 있다 …20
9명의 수비 위치 숫자로 표시해요 …22
타자도 9명? …24
▪ 투수도 타석에 설까? …25
어떻게 하면 점수가 나는 거죠? …26
▪ 잘 치면 무조건 안타? …28
한 번에 집에 돌아오는 홈런! …32
전설적인 홈런왕! …34
▪ 우리나라를 대표하는 홈런 타자는 이승엽! …35
▪ 미국은 '밤비노의 저주' 베이브 루스! …36
▪ 일본은 바로 '외다리 타법' 왕정치! …37
▪ 이승엽 선수의 후계자 박병호! …38
메이저 리그 2대 저주 …39
▪ 밤비노의 저주 …40
▪ 염소의 저주 …41
최고의 선발 투수 에이스 …42
▪ 1,143은 3의 배수일까? …47

3장 비와 비율

겨우 세 개만 쳐도 대접받는다? …76
- 0.4초의 승부 …77

왜 소수를 '할, 푼, 리'로 읽을까요? …78
- 할, 푼, 리 이상의 단위 …79

왜 어려운 소수를 쓸까? …80
- 마지막 4할 타자? …82

백분율을 알려면? …84

특별한 기록 사이클링 히트 …86

억울한 선수를 위한 '장타율' …87
- 출루율이 만든 기적의 야구, 〈머니볼〉 …92

타율을 알면 비율은 식은 죽 먹기 …94

4장 속력

0.1 차이로 아웃과 세이프가? …102
- 우사인 볼트도 울고가는 도루 …103

투수의 강속구 …105
- 가장 빠른 강속구는? …106

야구의 바나나킥 '변화구' …108
- 야구 구종 …110

108개 실밥의 비밀 …112

대포의 원리가 야구공의 원리? …113
- 야구공의 비밀, 마그누스 효과 …114
- '괴물' 류현진 …116

야구공의 마법 …118

5장 확률

고교 야구는 아마추어? …122
- '돌 직구' 오승환 …124

투수 방어율 'O'은 없나요? …126
- '긁히는 날'에 세우는 노히트 노런, 퍼펙트게임 …127

경기의 승리를 부르는 타순의 비밀 …128
- '타순의 비밀' …129

리그, 토너먼트? …132
- 리그와 토너먼트 …133

한국 프로 야구는 리그? 토너먼트? …135
- 야구/포스트 시즌 일정표 …137

수학 박사 수달이 …138

수학 성적의 비밀 야구장 과외 …139

야구를 이해하면 수학을 이해할 수 있다? …141
- 네이트 실버 …142

기록을 통해 승률 예측 …143
- '피타코라스'가 알려 주는 승률? …144

응원할 팀을 골라 보세요 …147
- 지역 대항전 …148

야구와 다양한 글러브 …149
- 뻥 뚫린 글러브 vs 꽉 막힌 글러브 …150

온 가족이 함께 야구를 해 봐요 …152
- 야구 게임을 즐겨보세요! …153
- 기록지 …154
- 전광판 …156

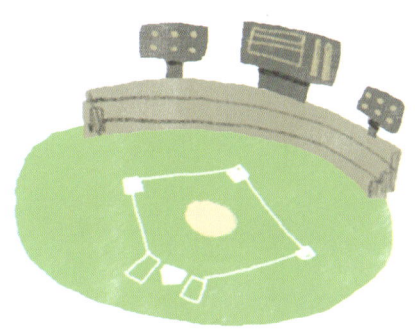

알베르트 아인슈타인

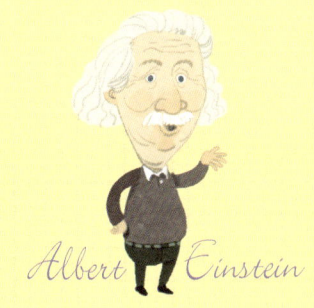

"나에게 야구를 가르쳐 주시오.
그럼 당신에게 '상대성 이론'을 가르쳐 주겠소.
아니 아니, 그러지 맙시다.
내가 야구를 깨우치는 것보다,
당신이 상대성 이론을 배우는 것이 더 빠를 테니까."

수학이 지겨워?
그럼 야구장으로 GO!

"**너 아직도 못 풀었어?** 수학 문제 놓고 기도하니, 기도해?"

늘 똑같은 시간, 저녁 8시에 시작되는 잔소리. 엄마는 꼭 마귀할멈 같습니다. '혹시 엄마가 계모가 아닐까?'라는 생각까지 듭니다.

사실 오늘 수달이는 딴생각을 좀 했습니다. 수학 문제집을 펼쳤는데, 어디에서부터 풀어야 할지 막막했습니다. 몇 자 끄적였더니 생각은 삼천포로 빠져 버렸고, 낮에 학교에서 친구들하고 하던 스마트 폰 게임이 눈에 아른거리더니, 어느새 깜빡 졸고 말았습니다. 그러다 엄마에게 딱 들키고 만 겁니다.

"이 쉬운 걸 왜 못 풀어? 누구를 닮아 이러는지, 속 터져 정말!"

누구를 닮았겠습니까? 아시면서 왜 이러시는지……. 수달이가 노려보자, 엄마가 소리를 꽥 지릅니다.

"네 동생 자인이를 봐. 엄마 닮아서 똑똑하고, 또 공부도 열심히 하잖아. 너만 보면 한숨만 나온다."

자인이가 저 멀리서 혀를 내밀며 약을 올립니다. 수달이도 슬슬 화가 났어요.

"이게 얼마나 어려운데. 사실 엄마도 못 풀잖아!"

홧김에 뱉은 말이었지만, '아차!' 싶었습니다.

"이놈의 자식이……."

'쾅' 하는 소리와 함께 눈앞에 별들이 스쳐 지나갑니다. 자인이는 뭐가 좋은지 배시시 웃습니다. 씩씩대던 엄마가 문제를 한번 훑어봅니다. 그러고는 살짝 당황한 눈치입니다.

"봐, 엄마도 어렵지?"

"뭐라고? 엄마가 너만 할 때 얼마나 공부를 잘 했는데! 너 엄마 무시해?"

"그럼 왜 못 풀어?"

"엄마가 시간이 어디 있어. 집안일이 보통 힘든 줄 알아? 아빠한테 물어봐!"

결국 뒤돌아서서 "여보!"라고 소리를 꽥 지릅니다. 하지만 아빠는 오늘도 대답이 없습니다. 그저 야구에 푹 빠져 있습니다.

"자, 홈런이다! 홈런!"

뭐가 그렇게 좋은지 모르겠습니다.

"여보! 수달이 수학 숙제 좀 봐 달라니까!"

엄마가 다시 소리를 질렀지만, 돌아오는 답은 오늘도 같습니다.

"아, 좀 조용히 해! 지금 경기 뒤집어진다니까!"

"속 터져, 정말. 집안 꼴이 이게 뭔지."

엄마는 씩씩대며 안방으로 들어갔습니다.

"이게 뭐야. 당신이 소리 지르는 바람에 삼진으로 아웃됐잖아."

아빠도 화가 나서 소파에 벌렁 드러누웠습니다. 홈런이 뭔지, 삼진이 뭔지, 그리고 수학이 뭔지, 오늘도 우리 집의 하루는 이렇게 마무리됐습니다. 결국 주말에 엄마와 아빠는 대판 싸웠습니다.

"이 성적표를 좀 봐. 이게 뭐야, 정말."

어제 받아 온 수학 점수는 제가 봐도 좀 민망한 65점이었습니다. 어떡합니까. 4학년 이후 수학 문제가 갑자기 어려워진 걸요.

"이게 내 탓이야? 집에서 애 제대로 못 키운 당신 탓이지!"

아빠도 오늘은 물러서지 않습니다.

"일찍 퇴근해서 허구한 날 야구만 보니……. 그 시간에 다른 아빠들처럼 숙제 좀 봐 줬으면 이런 성적이 나오겠어?"

엄마도 오늘은 작심한 듯합니다. 좌불안석입니다. 수달이는 행여 자신에게 불똥이 튈까 슬며시 방으로 들어갔습니다. 아빠도 헛기침을 하며 어느 틈엔가 일어섭니다. 그리고 은근슬쩍 TV를 켰습니다. 야구가 곧 시작될 모양이었습니다. 이 모습을 보고 엄마가 결국 폭발했습니다.

아빠 손에서 리모컨을 잡아채더니, "둘 다 꼴 보기 싫어. 다 나가! 자인이만 빼고!"라고 소리쳤어요.

온 집안에 쩌렁쩌렁 울리는 목소리. 그 기세에 눌려 아빠와 수달이는 쫓기듯 집을 나왔습니다.

이게 점수야!

"시험 좀 잘 보지 그랬냐. 이게 뭐냐? 이 황금 주말에."

"아빠가 눈치 없이 TV를 켜서 그런 거지. 왜 제 탓을 해요?"

"그나저나 어디로 가냐? 갑자기 쫓겨나서 막막하네."

"몰라요. 엄마는 자인이만 너무 편애해요. 전 그냥 친구들하고 놀래요."

수달이는 툴툴거리며 저만치 걸어갔어요.

잠시 후 부릉거리며 자동차 한 대가 다가옵니다.

"수달아, 타라! 아빠랑 바람 쐬러 가자, 야구장으로."

"싫어요. 저 야구도 몰라요. 게다가 안 좋아해요."

"가면 다 알게 돼 있어."

아빠는 우격다짐으로 수달이를 차에 태웠습니다. 처음 가 보는 야구장은 거대한 UFO가 내려앉은 모양이었습니다.

"봐! 멋있지?"

아빠는 차를 세운 뒤 기념품 가게에 먼저 들렀어요.

"요즘엔 이렇게 막대 풍선부터 하나 갖춰야지."

안에 들어서니 색다른 풍경이 펼쳐졌어요. 3만 명 가까이 되는 관중들이 일사불란한 소리로 응원했어요. 요란한 막대 풍선 소리와 엄청난 함성에 도무지 정신을 차릴 수가 없었어요.

"스트레스가 확 풀리는 것 같지 않니?"

아빠도 신이 난 모습이었어요. 막대 풍선을 두들기며 '따땅따땅' 소리를 냈어요. 수달이도 막대 풍선을 두들기며 들뜨기 시작했습니다.

"우리나라 야구 응원은 세계적으로 유명하지."

"다른 나라도 그렇지 않아요?"

"아니야. 오죽했으면 야구의 본고장 미국의 유명 신문에서도 한국 야구장을 소개했겠니."

뉴욕 타임스도 반한 한국 야구!

뉴욕 타임스NYT는 '한국 야구에는 더 시끄러운 응원과 더 많은 오징어가 있다'라는 제목으로 한국 야구장 응원 문화와 열기를 전했어요.

"한국 관중들은 경기 내내 응원가와 선수별 주제가를 부르고, 경기를 보면서도 '홈런! 뛰어!' 등을 외친다. 치어리더와 함께하는 신나는 응원, 쓰레기봉투와 막대 풍선을 이용한 이색 응원 등도 신기하다. 한국 야구장은 독특한 문화 장소고, 마치 축제 현장을 보는 기분이 든다."

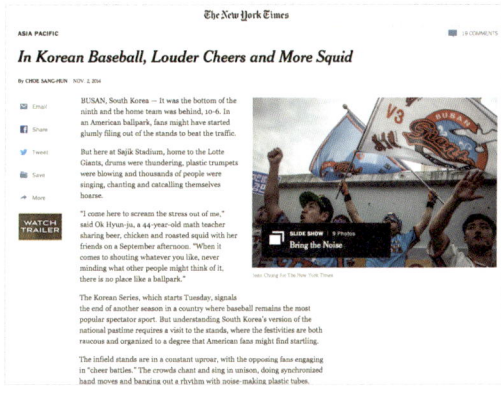

그런데 제목에 등장한 오징어는 뭘까요?

오징어, 치킨, 족발 등 다양한 간식을 말해요. 흥겹게 놀면서 맛있게 먹는 걸 표현한 겁니다.

1장

약수와 배수

3스트라이크(삼진)
3아웃
9이닝

배수의 세계

배수는 어떤 수를 한 배, 두 배, 세 배,……한 수를 말해요. 2의 배수에는 2, 4, 6, 8, 10,…… 등이 있고, 3의 배수에는 3, 6, 9, 12, 15,…… 등이 있죠. 끝없이 펼쳐지겠죠?

스포츠에는 배수가 많아요. 어떤 배수인가 파악하면, 그 종목의 규칙을 쉽게 알 수 있어요. 야구는 특히 '3의 배수'가 움직여요. 직접 확인해 볼까요?

▶ 스트라이크가 세 개 되면, '삼진 아웃'이라고 해요.
▶ 아웃이 세 개 되면, 공격과 수비가 바뀌어요.
▶ 야구는 9이닝 동안 합니다.
▶ 한 팀은 아홉 명으로 이뤄져 있어요.
▶ 야구는 주로 주중 3연전(화~목), 주말 3연전(금~일)을 합니다.

이 외에도 3의 배수는 아주 많아요. 참. 야구공의 실밥도 108개입니다. 역시 3의 배수네요. 골치 아픈 배수지만 야구로 알면 쉬워요.

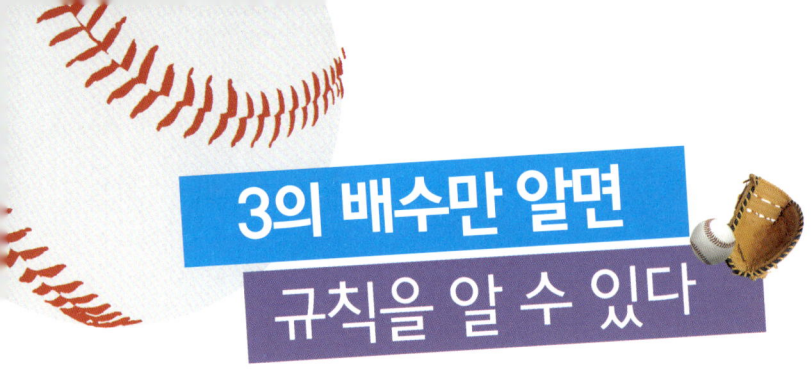
3의 배수만 알면 규칙을 알 수 있다

신나는 응원에 수달이는 자기도 모르게 노래까지 흥얼거렸어요. 선수마다 '맞춤형' 응원가도 있었고, 안타 칠 때와 도루할 때 나오는 노래도 달랐어요. 아직은 서툴지만, 따라 하다 보니 어느새 흥겨운 분위기에 흠뻑 빠지게 됐어요. 아까 엄마에게 혼났을 때 기분은 벌써 사라지고 없네요.

마음이 상쾌해지니, 얼굴 표정도 밝아지고. 아빠는 흐뭇한 표정입니다.

"자, 그럼 이제 본격적으로 야구 강의를 시작해 볼까?"

"좋아요. 지금 기분이라면 뭐든지 할 수 있을 것 같아요."

"우선 수비수 숫자를 세어 볼래?"

"하나, 둘, 셋, ……, 아홉. 모두 아홉 명이네요."

"그렇지. 야구는 아홉 명이 한 팀을 이루지. 그런데 9는 어떤 수의 배수일까?"

"그거야 간단하죠. 3의 배수잖아요."

"딩동댕!"

"그런데 그건 왜 물어보셨어요?"

"야구는 거의 3의 배수로 움직이거든. 3의 배수만 잘 이용하면 규칙을 쉽게 알 수 있지."

"또 어떤 게 있는데요?"

"응. 아웃 카운트가 세 개 되면 공격과 수비를 바꿔. 두 팀이 공격과 수비를 한 번씩 하면 한 이닝이 끝난단다."

"그럼 야구는 언제까지 해요?"

"야구는 그렇게 9회이닝 동안 얻은 점수를 비교해서 승패를 가리지."

"정말 3의 배수에 따라 움직이네요."

"신기할 정도로 그렇지. 뭐든 잘 모르겠으면 3의 배수를 놓고 생각하면 돼."

"그런데 저기 아홉 명의 선수들이 다 똑같은 일을 하나요?"

"아니지. 멤버가 아홉 명인 아이돌 그룹도 멤버마다 노래, 춤, 랩 등 서로 맡는 게 다르잖아? 야구도 마찬가지로 선수마다 하는 일이 다 달라. 먼저 수비수를 볼까?"

이렇게 9회까지 하면 경기가 끝납니다!

9명의 수비 위치 숫자로 표시해요

"투수가 공을 던지면 홈에 있는 포수가 그 공을 받지."

"아, 그건 알겠고요."

"혹시 타자가 공을 치면 다른 수비들이 처리를 해 주지. 내야에 네 명, 외야에 세 명의 수비가 있어."

설명을 듣고 보니 실제로 그랬어요. 내야에는 1루수, 2루수, 3루수가 있어요. 그런데 2루수와 3루수 사이에는 유격수라는 선수가 한 명 더 있네요. 공이 그쪽으로 많이 날아가기 때문에 특별히 한 명 더 있는 거랍니다.

외야수는 세 명입니다. 왼쪽에 있으면 좌익수, 가운데는 중견수, 오른쪽은 우익수이지요. 그런데 수비마다 번호가 있어요.

투수 1번, 포수 2번.

베이스는 한자로 壘(루)라고 하는데. 한자를 분리해서 보면 실제 베이스 배치와 비슷하지.

보루 루

1루수 3번, 2루수 4번, 3루수 5번, 유격수 6번.

좌익수 7번, 중견수 8번, 우익수 9번.

"그런데 왜 번호가 있는 거죠?"

"응. 수비 위치를 숫자로 표시하면 한눈에 알기 쉽거든."

"숫자로 경기 상황을 파악한다고요?"

"응. 예를 들어 우익수가 공을 잡아서 2루수에게 던지고, 2루수가 다시 포수에게 공을 던졌다고 해 보자."

"음, 우익수가 던지고, 2루수가 받아서 던지고…… 생각만 해도 정신이 없어요."

"그걸 숫자로 간단히 나타낼 수 있지. '9-4-2'라고."

"정말 신기하네요!"

"그것이 바로 숫자가 주는 편리함이란다."

타자도 9명?

여기가 더그아웃

"그런데, 공격하는 쪽은 타자 한 명뿐이네요."

"보이는 건 한 명이지. 하지만 저기 더그아웃 dugout 을 한번 봐."

정말로 더그아웃 안에는 다른 타자들이 기다리고 있었어요.

"그런데 아홉 명의 타자는 어떤 순서로 타석에 서는 거죠?"

"음. 감독이 정해준 타순에 따라서 타석에 등장하는 거야."

"그럼 감독이 왕이네요?"

"그렇다고 볼 수 있지."

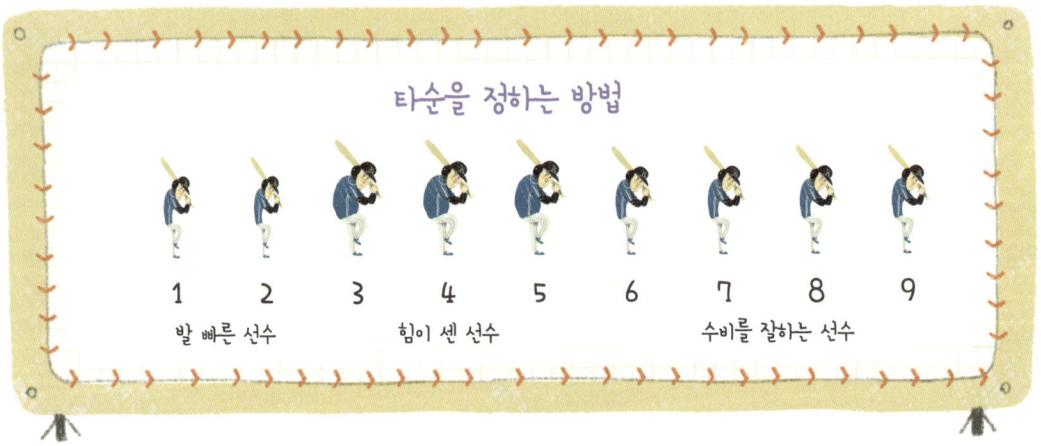

타순을 정하는 방법

1 2 3 4 5 6 7 8 9

발 빠른 선수   힘이 센 선수   수비를 잘하는 선수

투수도 타석에 설까?

그런데 투수도 타석에 들어설까요?

야구는 한 팀에 아홉 명이 뜁니다. 그 아홉 명이 공격과 수비를 번갈아 합니다. 그래서 원칙적으로 투수도 타석에 들어섭니다. 그런데 투수는 공을 던지는 것만 해도 힘듭니다. 타격까지 하면 체력 소모가 더 커요. 안타라도 치고 나가면 달리기도 많이 해야 하잖아요?

그래서 투수 대신 다른 타자를 타석에 세우기로 했어요. 그 타자를 지명 타자라고 합니다. 그런데 지명 타자는 리그에 따라 있기도 하고, 없기도 해요. 미국에서는 아메리칸 리그에는 지명 타자 제도가 있지만, 내셔널 리그에는 없어요. 일본에서는 퍼시픽 리그에는 지명 타자 제도가 있지만, 센트럴 리그에는 없어요. 지명 타자 제도가 없는 리그에서는 투수도 타석에 서야 해요.

그럼 류현진 선수_{LA 다저스}와 오승환 선수_{한신}는 타석에 설까요? 서지 않을까요? 한번 찾아 보세요.

참, 우리나라에는 지명 타자가 있어요.

🔴 일본 프로 야구

센트럴 리그	퍼시픽 리그
한신	소프트뱅크
요미우리	니혼햄
주니치	지바 롯데
요코하마	라쿠텐
히로시마	세이부
야쿠르트	오릭스

🇺🇸 메이저 리그

아메리칸 리그

동부	중부	서부
볼티모어	디트로이트	LA 에인절스
뉴욕 양키스	캔자스시티	오클랜드
토론토	클리블랜드	시애틀
탬파베이	시카고 화이트 삭스	휴스턴
보스턴	미네소타	텍사스

내셔널 리그

동부	중부	서부
워싱턴	세인트루이스	LA 다저스
뉴욕 메츠	피츠버그	샌프란시스코
애틀랜타	밀워키	샌디에이고
마이애미	신시내티	콜로라도
필라델피아	시카고 컵스	애리조나

어떻게 하면 점수가 나는 거죠?

그때였어요.

"와~" 하는 함성 소리가 터졌어요. 전광판에는 1점이 표시됐어요.

그 넓은 야구장을 순식간에 돌아서 점수를 내는 게 너무 신기했어요. 정말 몇 초 걸리지 않은 것 같았어요.

"그런데 아빠, 어떻게 하면 점수가 나는 거죠?"

"음, 타자가 홈에서 출발해서 1, 2, 3루를 거쳐 다시 홈으로 들어오면 1점이 되지."

가출(?)해서 돌아오면 1점

야구장

윷놀이 판

"윷놀이와 비슷하네요. 말이 한 바퀴 돌아오면 점수가 나는 것처럼요."

"그렇지. 우리 수달이 이렇게 똑똑한데 말이야."

아빠는 수달이의 머리를 쓰다듬었어요.

"그럼 윷놀이처럼 윷을 던지기만 하면 베이스에 나갈 수 있어요?"

"아니, 야구는 좀 달라. 타자가 타석에 선다고 모두 베이스에 나갈 수 있는 건 아니야."

"그럼 어떻게 하면 베이스에 나갈 수 있어요?"

"음, 타자가 안타를 치면 베이스에 나갈 수 있지."

"안타요?"

잘 치면 무조건 안타?

"타자가 공을 쳤다고 해 봐. 그런데 그 공을 수비가 바로 잡으면 무조건 아웃이야."

"아무리 잘 쳤어도 바로 잡으면 아웃이라고요?"

"응. 그래서 수비들이 몸을 날려서라도 공을 곧바로 잡으려고 해. '다이빙 캐치 Diving Catch'라고 하지."

수비가 바로 잡으면 아웃!

"그럼 어떻게 해야 안타가 되죠?"

공이 먼저 땅에 닿으면 타자와 수비 간 쟁탈전이 시작됩니다. 베이스에서 '사람이 빠르냐', '공이 빠르냐'를 놓고 아웃과 세이프가 결정돼요. 공이 먼저 도착하면 아웃, 타자가 먼저 도착하면 안타가 됩니다.

홈에서 1루까지 거리가 27.4미터입니다. 타자가 공을 친 뒤 1루까지 달리는 데 보통 4초 정도 걸려요. 그런데 내야수가 공을 잡아 1루까지 던지는 데 3초 정도 걸리고요. 즉, 타자가 친 공이 내야수 앞으로 굴러가면 거의 아웃이 됩니다.

아웃

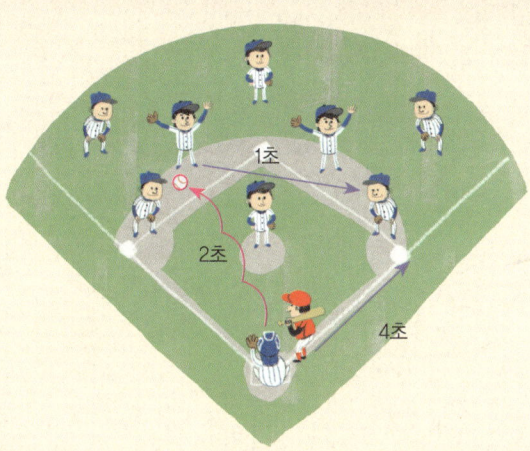

그래서 타자들은 내야수 사이를 노려요. 그 빈 공간을 뚫으려고 해요. 내야수 사이를 뚫고 공이 굴러가면 타자는 여유 있게 1루까지 갈 수 있어요.

1루타

공이 외야수 뒤로 넘어가거나, 외야수 사이를 뚫고 가면 타자는 2루, 3루까지도 달릴 수 있어요. 1루까지 달리면 1루타, 2루까지 무사히 달리면 2루타, 3루까지 간다면 3루타가 되는 거죠.

2루타

3루타

"그럼, 안타를 친 선수 주자는 어떻게 홈에 들어와요?"

"아까 네가 말한 대로 윷놀이와 같지. 다음 타자가 공을 치면 그 틈에 다음 베이스를 향해 달려가지. 타자든, 주자든 아웃되지 않을 만큼 달릴 수 있어. 그러다 홈을 밟으면 1점이 나는 거야."

1루타 때 3루 주자 홈인(1점)

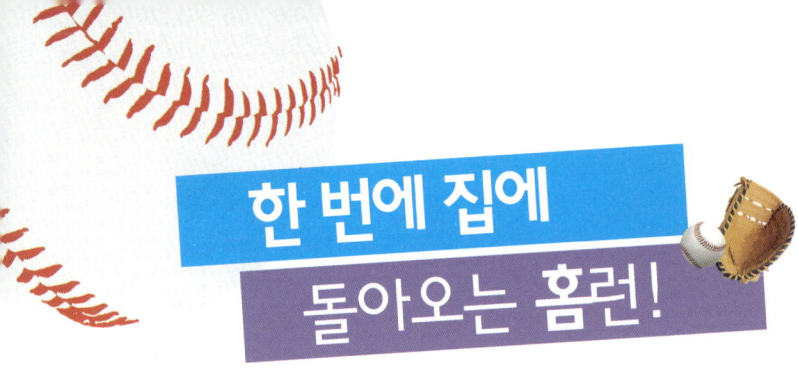

한 번에 집에 돌아오는 홈런!

관중들이 술렁이기 시작했어요. 거대한 체구를 가진 선수가 타석에 섰거든요.

"왕대포 선수구나. 우리 팀 최고의 홈런 타자지."

"홈런이요?"

"100번 설명하는 것보다 직접 한 번 보는 게 낫겠지. 자 한번 볼까? 아무래도 칠 것 같은데."

정말 아빠의 예감은 적중했어요. 왕대포 선수가 배트를 크게 휘두르자, '따악~' 하는 소리와 함께 공이 새까맣게 날아갔어요. 펜스를 넘어가자, 관중들이 "와!" 하며 막대 풍선을 두들겼어요. 정신이 하나도 없었죠.

먼저 2루에 있던 주자가 홈을 밟고, 왕대포 선수도 이어서 홈에 들어왔어요. 순식간에 2점이 났어요.

"완전 대박이네요!"

수달이는 자신도 모르게 몸에 힘이 들어갔어요. 마치 자신이 홈런을 친 것처럼요.

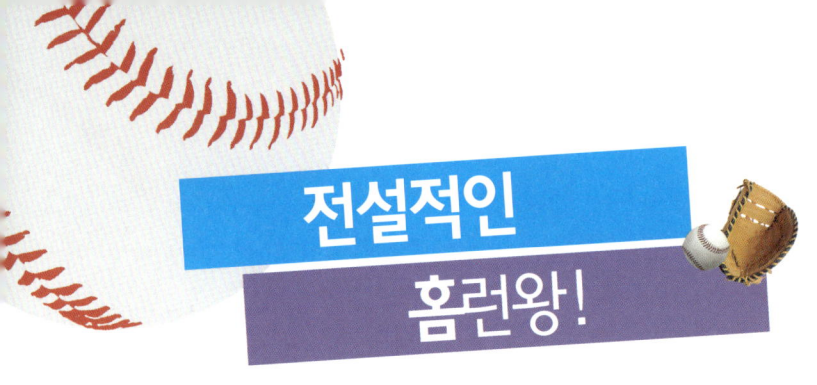

전설적인 홈런왕!

"그런데 아빠, 홈런 타자들은 다 저렇게 덩치가 커야 해요? 꼭 들소 같아요."

"힘이 좋다고 다 홈런 타자는 아니지만, 일단 힘이 좋아야 유리하지."

"그럼 홈런왕은 1년에 몇 개나 쳐요? 저렇게 먼 거리면 한 20개 정도?"

"하하. 홈런왕을 아주 우습게 보는구나. 잠시 전설적인 홈런왕을 소개시켜 줄게."

우리나라를 대표하는 홈런 타자는 이승엽!

이승엽 선수하면 떠오르는 게 '아시아 홈런왕'입니다. 2003년 한 시즌에 56개로 아시아 신기록을 세웠어요. 2004년에는 일본으로 진출해서, 8년간 159개의 홈런을 쳤지요. 2012년에 한국에 돌아왔는데, 그 해 한일 통산 홈런 500개를 돌파했어요. 월드 베이스볼 클래식(WBC)과 올림픽에서 역사적인 홈런을 많이 쳤어요.

이승엽 홈런 기록

연도	1995	1996	1997	1998	1999	2000	2001	2002	2003	2004
홈런	13	9	32	38	54	36	39	47	56	14
구단	삼성	삼성	삼성	삼성	삼성	삼성	삼성	삼성	삼성	지바 롯데
연도	2005	2006	2007	2008	2009	2010	2011	2012	2013	2014
홈런	30	41	30	8	16	5	15	21	13	32
구단	지바 롯데	요미우리	요미우리	요미우리	요미우리	요미우리	오릭스	삼성	삼성	삼성

미국은 '밤비노의 저주' 베이브 루스!

미국 사람들이 가장 좋아하는 홈런왕은 베이브 루스예요. 1914년 메이저 리그에 진출해 22년간 714개 홈런을 기록했어요. 홈런왕도 열두 번이나 차지했죠. 한 시즌에 가장 많이 친 홈런은 60개 1927년였어요. '밤비노의 저주'로 더 잘 알려져 있어요.

베이브 루스 홈런 기록

연도	1914	1915	1916	1917	1918	1919	1920	1921	1922	1923	1924
홈런	0	4	3	2	11	29	54	59	35	41	46
구단	보스턴 레드 삭스	보스턴 레드 삭스	보스턴 레드 삭스	보스턴 레드 삭스	보스턴 레드 삭스	보스턴 레드 삭스	뉴욕 양키스	뉴욕 양키스	뉴욕 양키스	뉴욕 양키스	뉴욕 양키스
연도	1925	1926	1927	1928	1929	1930	1931	1932	1933	1934	1935
홈런	25	47	60	54	46	49	46	41	34	22	6
구단	뉴욕 양키스	뉴욕 양키스	뉴욕 양키스	뉴욕 양키스	뉴욕 양키스	뉴욕 양키스	뉴욕 양키스	뉴욕 양키스	뉴욕 양키스	뉴욕 양키스	보스턴 브레이브스

일본은 바로 '외다리 타법' 왕정치!

일본 선수인데 왜 이름이 왕정치일까요? 꼭 중국 사람 같죠? 왕정치는 중국인 아버지와 일본인 어머니 사이에서 태어났어요. 한쪽 다리를 들고 치는 '외다리 타법'으로 유명했어요. 한 시즌 홈런 최고 기록이 55개 1964 였어요. 이 기록을 2003년에 이승엽 선수가 깬 거죠.

왕정치 홈런 기록

연도	1962	1963	1964	1965	1966	1967	1968	1969	1970	1971
홈런	38	40	55	42	48	47	49	44	47	39
구단	요미우리	요미우리	요미우리	요미우리	요미우리	요미우리	요미우리	요미우리	요미우리	요미우리
연도	1972	1973	1974	1975	1976	1977	1978	1979	1980	-
홈런	48	51	49	33	49	50	39	33	30	-
구단	요미우리	요미우리	요미우리	요미우리	요미우리	요미우리	요미우리	요미우리	요미우리	-

왕정치 선수가 22년간 친 홈런을 모두 더했더니 무려 868개나 됩니다. 세계에서 가장 많아요. 일본에서는 '오 사다하루'라고 부릅니다.

"우와! 대단하다. 그럼 홈런 타자는 돈을 엄청 많이 받겠네요?"
"하하. 그럼. 홈런왕은 늘 특급 대우를 받지. 메이저 리그에서 '홈런 타자는 최고급 캐딜락을 몰고, 타격왕은 그보다 싼 포드를 탄다'고 했어."
"그럼, 우리나라에서 요즘에 가장 잘 치는 선수는 누구죠?"

이승엽 선수의 후계자 박병호

"박병호 선수야. 이승엽 선수의 후계자라고 볼 수 있지. 2014시즌에 홈런을 무려 52개나 쳤어. 2003년 이승엽 선수가 56개를 기록한 이후 무려 11년 만에 홈런 50개 이상을 기록한 거지."
"정말 대단하네요."
"몰아치기에는 탁월하지. 한 경기에 홈런을 네 개나 친 적도 있는데."
"기가 막히네요. 정말 대박!"

박병호 4홈런 기록
2014년 9월 4일
넥센:NC

7회 120m
8회 125m
4회 125m
1회 120m

메이저 리그
2대 저주

"그런데 아까 베이브 루스 얘기할 때 밤비노의 저주가 있던데, 홈런 타자가 무슨 저주를 걸었어요?"

"홈런 타자를 홀대했다가 저주를 받은 경우지. 싼값에 내다 팔았거든."

"아니 그 비싼 캐딜락을 타는 홈런 타자를 헐값에 팔았다고요?"

"그러니 저주가 생기지 않았겠니?"

밤비노의 저주

밤비노는 이탈리아 어로 갓난아기를 뜻해요. 영어 베이브와 같은 뜻이죠. 밤비노의 저주는 '베이브' 루스의 저주를 뜻해요. 베이브 루스는 원래 보스턴 레드 삭스 선수였어요. 보스턴은 1901년 창단해 1918년까지 다섯 번이나 우승을 차지했던 명문 팀이었지요. 그런데 보스턴은 투수와 타자로 맹활약하던 루스의 능력을 낮게 평가했어요.

1920년 1월 홈구장인 펜웨이 파크 건설 자금 융자 조건을 붙여 루스를 12만 5,000달러라는 헐값으로 뉴욕 양키스에 트레이드시켰어요. 이후 뉴욕 양키스는 루스의 홈런 덕에 최고 명문 구단으로 성장했어요. 총 27회의 월드 시리즈 우승을 차지했어요. 반면 보스턴 레드 삭스는 루스 트레이드 이후 2002년까지 단 한 번도 월드 시리즈에서 우승하지 못했어요. 언론에서 이를 두고 '밤비노의 저주'라고 부르기 시작했어요.

2002년에는 보스턴 레드 삭스의 열성 팬들이 밤비노의 저주를 풀기 위해 나섰어요. 루스가 1918년 보스턴 근교의 윌리스 연못에 빠드린 것으로 알려진 피아노를 건져서 다시 연주했어요. 이렇게 하면 저주가 풀릴 것이라고 믿었던 겁니다. 결국 2004년 보스턴은 밤비노의 저주를 풀고 월드 시리즈 우승을 차지했어요. 1918년 이후 무려 86년만이었어요.

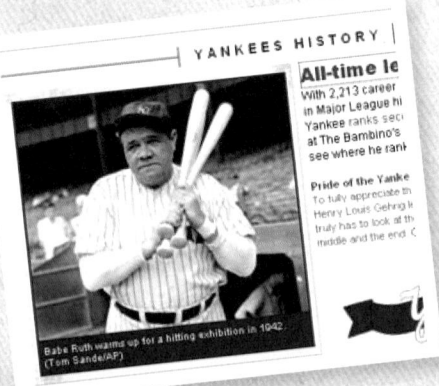

염소의 저주

"선생님. 염소를 데리고 입장하시면 안 됩니다." 이 한마디에서 저주가 시작됐어요. '염소의 저주'는 1945년 시카고 컵스의 홈구장인 리글리 필드에서 시작됐어요. 디트로이트와 월드 시리즈 4차전 때였는데, 한 관중이 염소를 데리고 경기장에 들어가려다 입장을 거부당했어요. 어찌나 화가 났는지, "다시는 이곳에서 월드 시리즈가 열리지 않으리라"고 저주를 퍼붓고 떠났어요.

컵스는 그 저주 탓인지 그 해 우승을 놓치고 말았어요. 3승 4패로 아쉽게 졌어요. 그리고 1945년 이후 단 한 번도 월드 시리즈 무대를 밟지 못했어요. 1908년 창단 이후 100년이 넘도록 월드 시리즈에서 단 한 번도 우승을 하지 못한 팀이 됐어요.

최고의 선발 투수
에이스

왕대포 선수가 홈런 세리머니를 마치자, 상대 팀 감독이 마운드에 올라 투수를 바꿨어요.

"저 투수는 잘 던졌는데, 홈런 한 방에 물러나네요. 아쉽겠어요."

"그렇지. 그러니 홈런이 무서운 거지."

"그런데 저 투수는 또 언제 등판해요?"

"선발 투수이니까 5일 뒤나 6일 뒤에 던지지."

"그럼 한 팀에 선발 투수가 몇 명이나 돼요?"

"직접 계산을 해 보렴."

"음. 선발 투수 한 명이 5일에 한 번 등판하려면 모두 다섯 명이 있어야 가능하겠네요. 6일에 한번 등판하려면 여섯 명이 필요하고요."

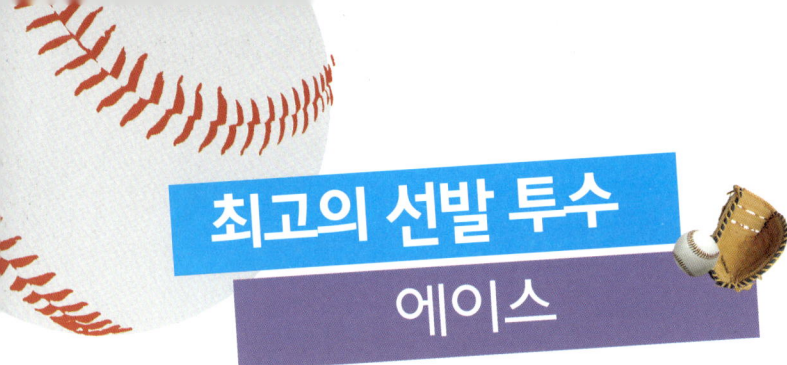

"빙고! 그래서 팀마다 선발 투수 5~6명을 보유해. 순서대로 1선발, 2선발, 3선발, …… 이런 식으로 부르는데, 1선발을 에이스라고 하지."

"아. 에이스가 그런 뜻이었네요."

"그럼 오늘 야구 수업 복습할 겸, 선발 투수 관련해서 문제를 하나 내 볼까?"

"좋아요. 자신 있어요."

아빠가 작은 공책에 문제를 적어서 내밀었어요.

🥎 문제

3/8 0.375
2/5

A투수는 4일마다 한 번씩 선발 등판하고, B투수는 6일마다 한 번씩 등판합니다. 오늘 A와 B투수가 경기를 했다면, 다음번에 둘이 나란히 등판하는 것은 오늘로부터 며칠 후입니까?

정답: 12일

쉬워 보였지만, 결코 쉽지 않았어요. 좀처럼 둘의 일정이 맞지 않았어요.

아빠가 힌트를 줬어요.

"배수를 이용하면 쉽지. 둘의 배수 중에서 같은 숫자를 찾아봐."

수달이는 4와 6의 배수를 적어 나갔어요.

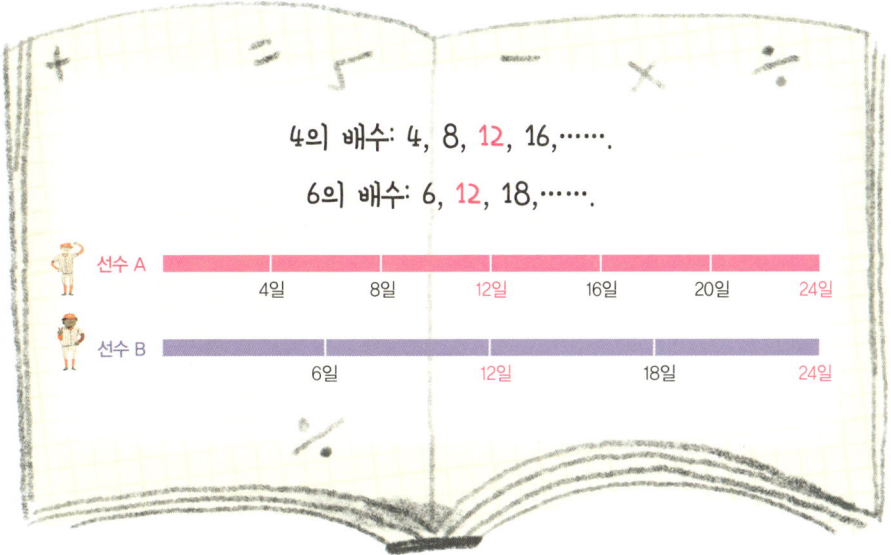

4의 배수: 4, 8, 12, 16, ……
6의 배수: 6, 12, 18, ……

그랬더니 두 수의 배수 중에서 12가 똑같이 들어있다는 걸 알게 됐어요.

"어, 정말이네. 12가 같네요. 그럼 12일 뒤에 나란히 등판하겠네요?"

"맞아. 그걸 공배수라고 해. 두 수의 공통 배수를 말하지. 12 말고도 24, 36, 48, ……도 4와 6의 공배수야. 그중 12는 공배수 중에서 가장 작으니까 최소 공배수라고 불러."

"아, 알겠어요. 그런데 배수는 끝이 없으니 최대 공배수는 없겠네요?"

"그렇지. 최소 공배수는 나중에 분수의 덧셈과 뺄셈 때 중요하니, 꼭 익혀 둬!"

"네. 알겠어요. 오늘 집에 가서 배수에 대해서 좀 더 공부해 봐야겠어요."

"그래. 오늘은 여기까지 하자. 다음번에는 좀 더 깊게 알아보자."

"네. 오늘 재미있었어요. 다음에 한 번 더 배우면 야구 박사가 될 것 같아요."

"그래. 아무튼 오늘 수학 공부한 거니까, 집에 가서 배수에 대해 복습을 꼭 해야 해!"

"네. 아빠!"

아빠와 수달이는 즐겁게 집에 도착했어요.

그런데 집에 가니 엄마의 표정이 예사롭지 않습니다.

"당신 어디 다녀왔어? 전화를 수십 통 했는데 받지도 않고!"

불쌍한 아빠. 주섬주섬 휴대폰을 꺼내 봤더니 정말 '부재중 통화'가 열세 건이나 됐어요. 응원하느라 벨 소리를 못 들었던 겁니다.

아빠는 기어 들어가는 목소리로 겨우 대답했어요.

"그게 말이지. 수달이 데리고 수학 공부하고 왔지."

"수학 공부? 그럼 그 손에 든 건 뭐야?"

아뿔싸, 아빠는 막대 풍선을 그대로 들고 있네요.

수달이가 아빠의 구원 투수로 나섰어요.

"엄마. 정말이야. 아빠랑 야구 보면서 수학 공부했어."

"아이고. 부자가 똑같구나. 야구를 보면서 수학 공부를 해? 아예 수학 문제 풀면서 야구를 한다고 해라."

"아니야, 엄마. 정말 수학 공부에 도움이 많이 됐어. 다음 시험 때는 저번보다 5점 더 높은 점수 받을게. 약속!"

엄마는 어이가 없는지 손사래 치며 방으로 들어갔어요. 수달이는 오늘 야구장에서 배운 내용을 꼼꼼하게 정리했어요. 3의 배수를 놓고 야구의 규칙을 다시 정리했어요. 그리고 배수도 공부했고요. 아빠 말대로 최소 공배수를 이해하니, 분수의 계산이 쉬워졌어요.

그런데 배수를 공부하다 보니 '약수'라는 게 있었어요. 약수는 '어떤 수를 나누어 떨어지게 하는 수'였어요. 8의 약수는 1, 2, 4, 8이었어요.

두 수의 공통된 약수, 즉 공약수도 있었어요. 그런데 배수와 반대로 '최대 공약수'를 따졌어요. 배수는 무한대라 최대를 찾을 수 없지만, 약수는 최대를 쉽게 알 수 있거든요. 4의 약수는 1,2,4이고, 8의 약수는 1,2,4,8입

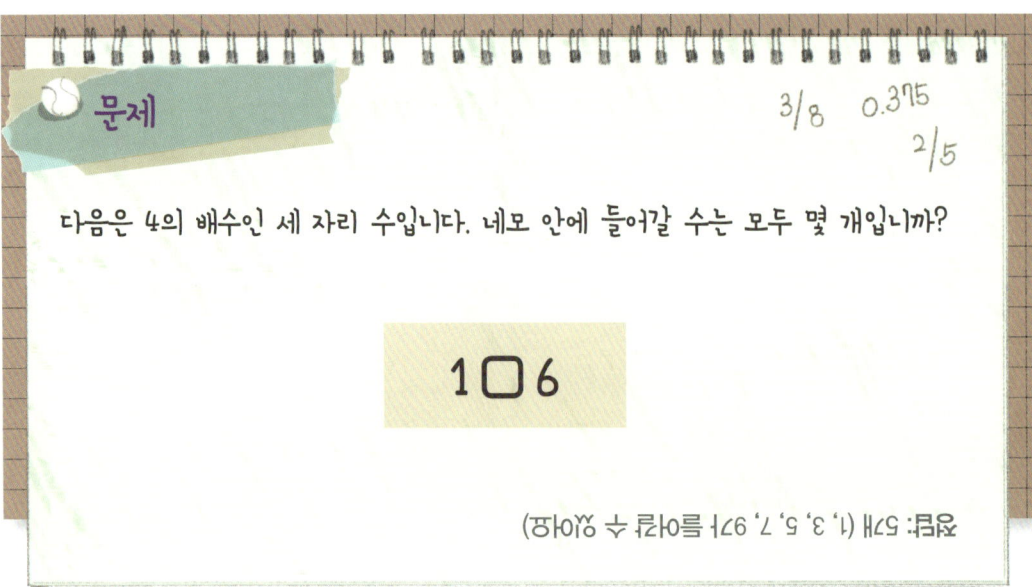

니다. 둘의 공약수는 1, 2, 4인데 이 중 최대 공약수는 4였어요.

나흘 뒤 치러진 수학 시험에서 수달이는 정말로 5점이 늘었어요. 배수 관련 문제가 나왔는데, 정말로 쉽게 풀었어요.

엄마는 깜짝 놀란 눈치였어요.

"약속대로 70점을 받았으니, 이번 주말에도 아빠랑 야구장 갈래요."

"그래. 대신 다음 시험 때는 75점 받아야 한다."

엄마의 까칠한 말투는 여전했지만, 표정은 많이 누그러졌어요. 이제는 죄인처럼 야구장에 몰래 다녀올 필요가 없어졌어요. 수달이 눈앞에는 벌써 야구장 풍경이 펼쳐졌어요.

1,143은 3의 배수일까?

어떤 수가, 어떤 수의 배수인지 아닌지 쉽게 아는 방법이 있어요.
아무리 큰 수라도 쉽게 알 수 있지요.

2의 배수: 일의 자리 숫자가 0과 짝수(2, 4, 6, 8)인 수
→ 20, 232, 1,056, 11,394, 762,358

3의 배수: 각 자리 수의 합이 3의 배수
→ 36(3+6=9), 369(3+6+9=18), 1,143(1+1+4+3=9)

4의 배수: 끝의 두 자리 수가 00이거나 4의 배수인 수
→ 100, 536, 2,012, 45,084

5의 배수 : 일의 자리 숫자가 0 또는 5인 수
→ 80, 205, 4,555, 93,700

6의 배수: 3의 배수이면서 짝수인 수
→ 318(3+1+8=12), 294(2+9+4=15)

8의 배수: 수의 끝 세 자릿수가 8로 나누어 떨어지면 8의 배수
→ 1,856 , 237,168

9의 배수: 각 자리 숫자의 합이 9의 배수
→ 27(2+7=9), 387(3+8+7=18), 88,884(8+8+8+8+4=36)

2장

도형과 넓이

야구공
다이아몬드
홈 플레이트

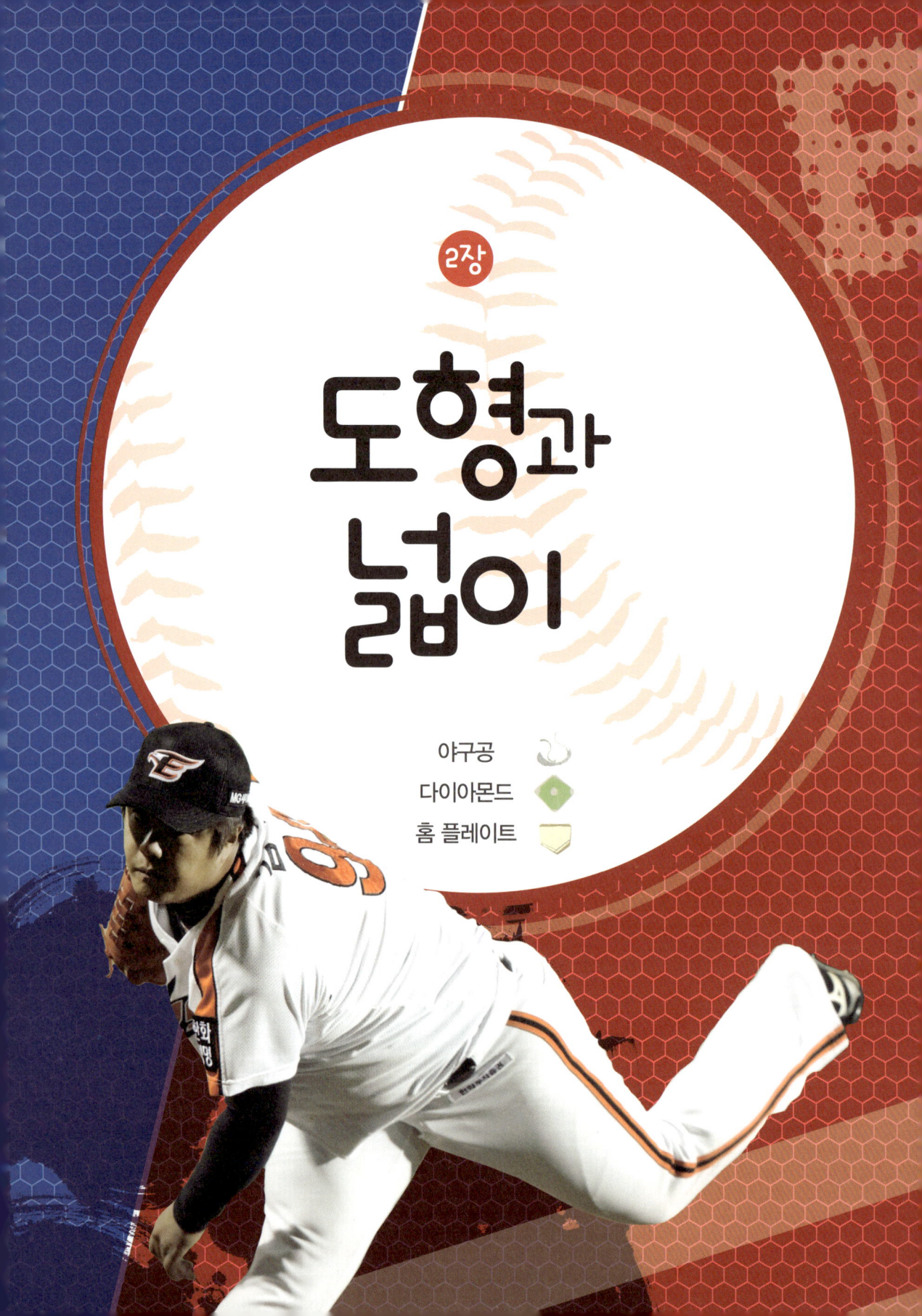

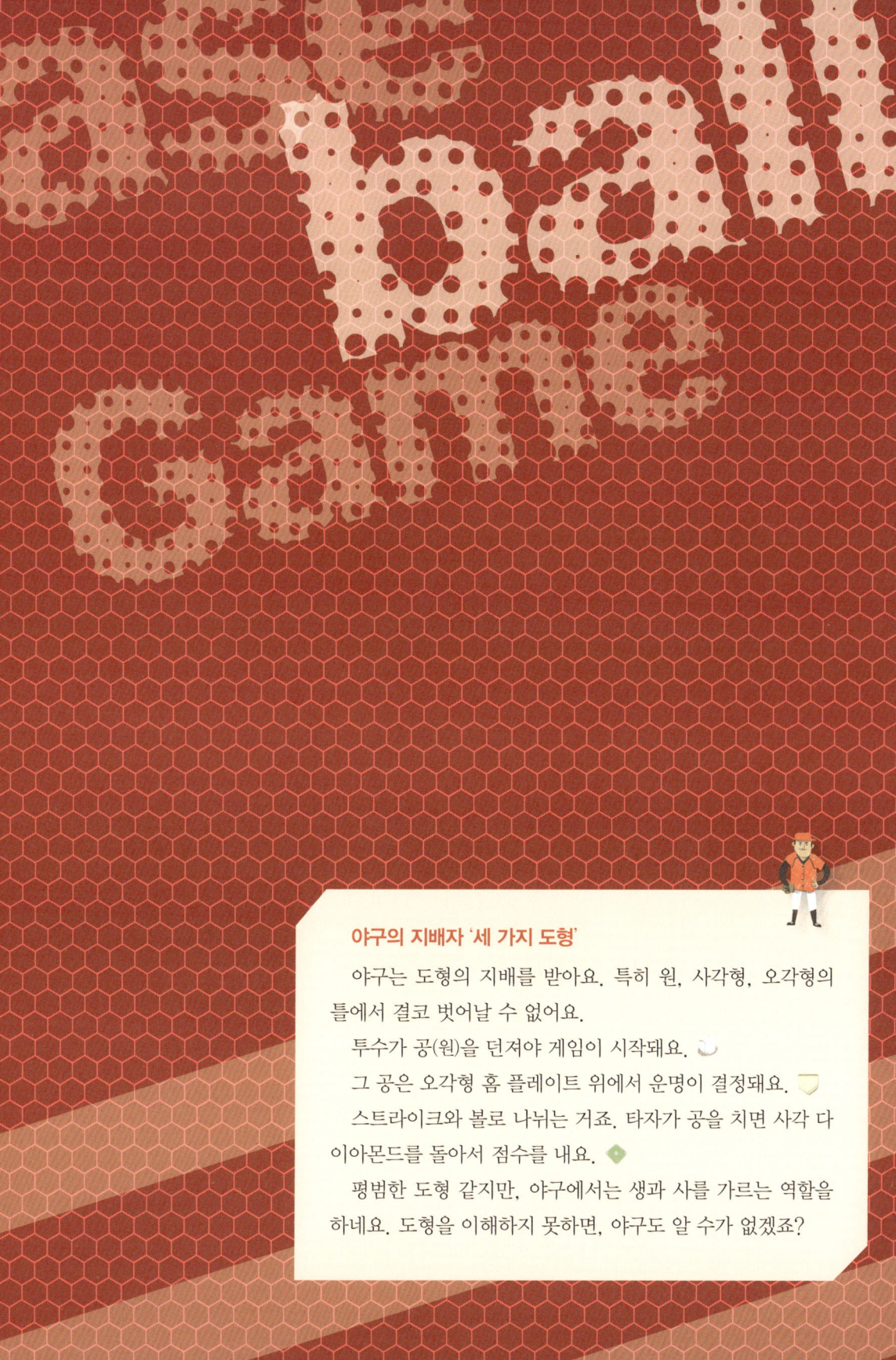

야구의 지배자 '세 가지 도형'

    야구는 도형의 지배를 받아요. 특히 원, 사각형, 오각형의 틀에서 결코 벗어날 수 없어요.
    투수가 공(원)을 던져야 게임이 시작돼요.
    그 공은 오각형 홈 플레이트 위에서 운명이 결정돼요.
    스트라이크와 볼로 나뉘는 거죠. 타자가 공을 치면 사각 다이아몬드를 돌아서 점수를 내요.
    평범한 도형 같지만, 야구에서는 생과 사를 가르는 역할을 하네요. 도형을 이해하지 못하면, 야구도 알 수가 없겠죠?

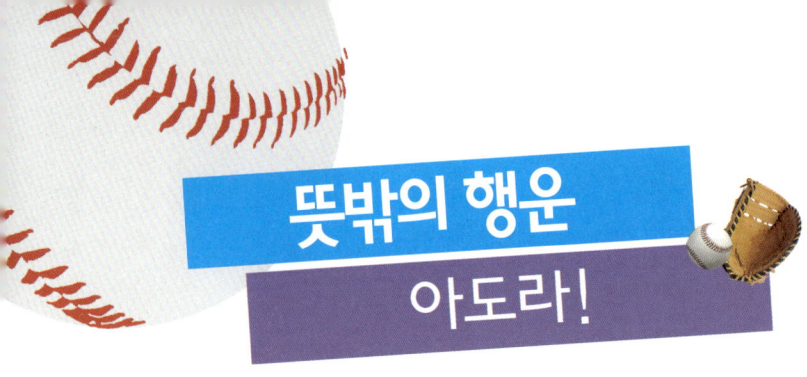

뜻밖의 행운 아도라!

두 번째 찾은 야구장. 왠지 오늘은 좋은 예감이 듭니다. 입구에 들어서는 순간부터 수달이는 흥분됐어요. 어깨가 절로 들썩들썩! 그러자 뜻밖의 수확이 생겼어요.

"휘리릭~" 날카로운 호루라기 소리. 수달이가 고개를 들자, 하얀 공이 날아 왔어요. 공이 점점 커지면서 다가 왔어요. 깜짝 놀란 수달이는 눈을 감고, 손을 뻗었어요. 그런데 어떤 나쁜 손이 덥석 그 공을 낚아채 갔어요. 수달이는 거의 울상이 됐어요.

그러자 옆에 있던 할아버지가 나섰습니다. "저기 젊은이, 그 공을 이 꼬마에게 줍시다"라고 말했어요.

"아니, 제가 잡았는데 왜 줘요?"

"요즘 야구장에서는 애들에게 공을 주는 게 문화잖소. 사직 야구장에서 외치는 '아도라'_{'애한테 줘라'의 경상도 사투리}'라는 말도 몰라요?"

다른 관중들이 '아도라'를 외치며 합세했어요. 결국 그 공은 수달이 차지가 됐어요.

"아빠, 오늘 횡재했어요."

수달이는 흥분을 감추지 못했어요.

"그러게 말이다. '아도라', 참 좋은 문화다. 그치?"

아빠도 흐뭇한 표정이었어요.

"그런데 파울 볼이 날아오면 조심해야 돼. 잡으려면 글러브를 끼는 게 좋아."

"왜요? 위험해요?"

"그럼. 아빠 친구가 택시 운전을 하는데, 어느 날 파울 공을 맨손으로 잡았다가 손이 퉁퉁 부어서 사흘 동안이나 일을 못했대."

"아이고. 야구공 하나 잡으려다가 손해가 막심했네요."

"그렇지. 6,000원짜리 공 한 개 잡으려다 수십만 원 날린 거지."

야구공 만드는 방법

야구공은 만드는 방법은 총 3단계입니다.

먼저 코르크와 고무로 작은 공을 만들어요. 그 공 위에 실을 감아요. 실의 길이는 무려 280미터나 된대요. 여러분이 야구공을 분해해서 실을 뽑으면 운동장 한 바퀴약 200m를 돌고도 80미터나 남겠네요. 다음에 8자 모양의 말가죽 또는 쇠가죽 두 장을 굵은 실로 108번 꿰맵니다.

야구공의 무게는 대략 145그램 정도141.7~148.8g입니다. 비누보다 조금 더 무겁고, 크기는 어른 주먹 만합니다. 프로 야구에서 투수가 던진 공은 보통 시속 140킬로미터 안팎으로 날아갑니다.

그런데 타자가 그 공에 맞으면 충격이 무려 80톤이나 된다고 해요. 80톤은 얼마나 큰 충격일까요? 무게 30킬로그램의 바위덩어리를 1미터 위에서 떨어뜨릴 때 압력과 같습니다. 또 아파트 3층에서 던진 벽돌이 1층 바닥에 떨어질 때 생기는 충격과도 같죠. 무시무시하죠?

그러니 반드시 글러브를 끼고 공을 잡아야 합니다. 또 타자는 반드시 헬멧을 써서 머리를 보호해야 하고, 포수도 각종 장비로 방어할 수밖에 없어요.

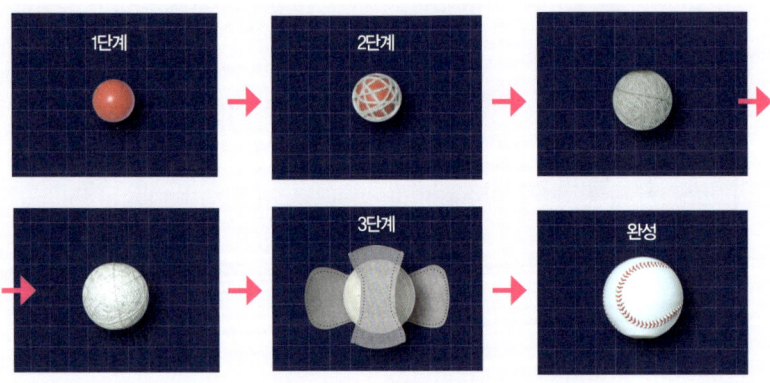

야구공이 뭘 닮았게?

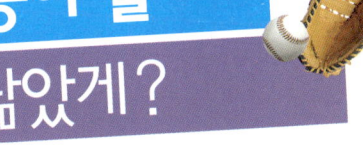

"와~. 주먹만 한 공이 80톤의 충격을 준다니. 정말 놀랍네요."
"더 놀라운 게 있지."
아빠는 얼른 스마트 폰을 열어서 야구공의 단면도를 보여 줬어요.
"뭐 닮지 않았니?"
"어디서 많이 본 그림 같은데."
"우리가 살고 있는 지구를 닮았지."
"정말 그러네요."

푸른 지구와 닮은 하얀 야구공

지구가 '핵-맨틀-지각'으로 구성돼 있죠? 야구공도 '작은 공심-실-가죽'으로 돼 있어요. 지구의 핵이 내핵과 외핵으로 나뉘는 것처럼, 야구공 속에 있는 작은 공도 코르크와 고무로 구분돼요. 코르크가 내핵에 해당하겠죠.

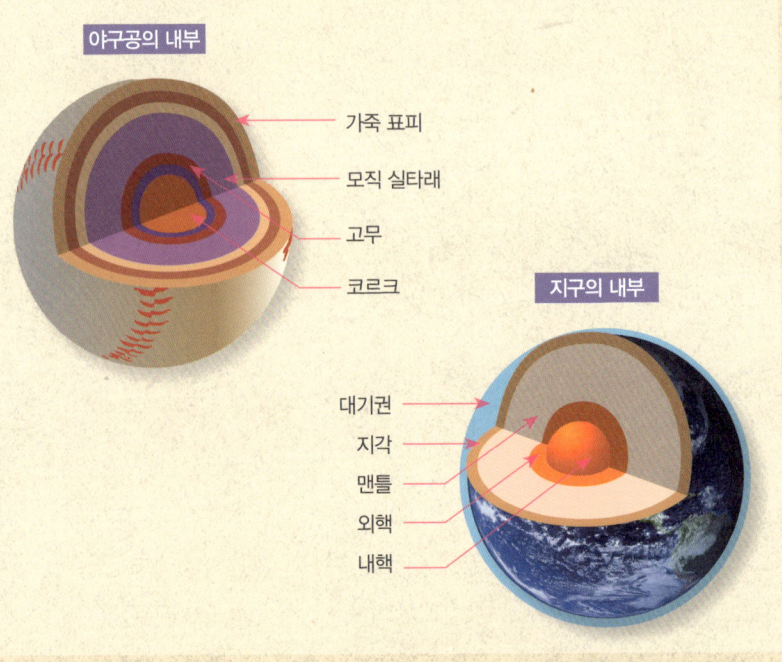

야구공의 내부
- 가죽 표피
- 모직 실타래
- 고무
- 코르크

지구의 내부
- 대기권
- 지각
- 맨틀
- 외핵
- 내핵

야구에는 기쁨과 슬픔, 희망과 절망 등이 섞여 있어서 '야구는 인생의 축소판'이라는 말이 있는데, 이제 보니 '야구공은 지구의 축소판'이라고 해도 되겠네요.

그럼 야구공은 얼마나 작을까요?

직접 둘레 길이를 한번 계산해 보죠. 어렵다고요? 글쎄요. 기원전 200년 전에 에라토스테네스는 막대기와 그림자를 이용해서 지구의 둘레를 계산했어요.

너무 어렵다고요? 그럼 더 쉬운 방법이 없을까요? 물론 있죠. 요즘에는 '원주율'만 이용하면 쉽게 알 수 있어요.

$$원둘레 = 지름 \times 3.14$$
원주율

원주율은 원의 지름과 둘레의 '비율'을 말하는데, 1:3.14입니다. 즉, 원의 지름이 1센티미터라면 둘레는 3.14센티미터라는 겁니다. 지름이 10센티미터라면 둘레는 31.4센티미터가 되겠죠.

야구공의 둘레를 계산하려면 먼저 지름을 알아야겠죠? 야구공 지름은 약 7.3센티미터입니다. 그렇다면 둘레는 7.3×3.14=22.922센티미터입니다.

실제 야구공의 둘레는 얼마나 될까요? 22.9~23.5센티미터입니다. 원주율로 계산한 것과 거의 비슷하죠?

홈 플레이트는 왜 오각형일까?

 5회가 끝나자 잠시 경기가 중단됐어요. 야구장을 관리하는 아저씨들이 나와서 흐려진 선을 다시 그리기 시작했어요. 능숙한 솜씨였어요.
 그런데 이상한 게 눈에 들어왔어요. 야구장에 있는 베이스는 정사각형이었는데, 타자 쪽에 있는 홈 플레이트는 오각형이었어요. 그냥 네모도 괜찮을 것 같은데, 굳이 오각형을 만들어 놓은 이유가 궁금했어요. 심판 아저씨가 홈 플레이트를 자꾸 청소하는 것도 이유가 있을 것 같았고요.
 "야구가 처음 시작됐을 때 홈 플레이트는 둥근 모양이었대."
 "동그라미였다고요?"
 "응. 정해진 규격이 없었으니, 접시 같이 둥근 것이면 무엇이든 홈 플레이트로 썼지."
 "그럼 그다음에 지금처럼 오각형으로 바뀌었나요?"
 "아니지. 1869년쯤에 정사각형으로 바뀌었다가, 1901년부터 지금의 모양인 오각형이 자리를 잡았지."
 "오각형을 굳이 쓰는 이유가 뭐죠?"
 "오각형의 뾰족한 부분은 주심과 투수의 시선을 모으는 역할을 해. 즉, 투수는 거기를 보고 공을 던지고, 주심도 그곳을 스트라이크를 판단하는 기준으로 삼지."
 "정말요? 그런 뜻이 있었는지 정말 몰랐네요."

"아직 놀라지 말아라. 홈 플레이트의 진짜 중요한 이유는 따로 있단다."
"또 있다고요?"
"바로 스트라이크 존이지. 투수가 던진 공이 스트라이크인지, 볼인지 판단하는 기준이 홈 플레이트야."

보이지 않는 선, 스트라이크 존

스트라이크 존 Strike Zone 은 눈에 보이지 않아요. 심판의 머릿속에 있죠. 물론 정해진 기준은 있어요. 좌우 폭은 홈 플레이트를 기준으로 하고요. 위아래로는 타자의 팔꿈치부터 무릎 아랫부분까지입니다. 생각보다 작아요.

스트라이크 존

공이 스트라이크 존을 통과하면 '스트라이크', 벗어나면 '볼'이 됩니다.

홈 플레이트는 좌우 43.2센티미터입니다. 야구공 여섯 개 정도의 크기죠. 야구공 지름이 7.3센티미터정도라고 했죠? 그래서 7.3×6=43.8센티미터. 홈 플레이트 좌우길이와 비슷하죠?

실제 심판들은 홈 플레이트만 살짝 걸치고 들어간 공도 스트라이크로 판정해요. 그래서 야구공 7~8개 정도의 크기가 좌우 스트라이크 존에 해당합니다.

경기를 하다 보면 지금 스트라이크와 볼이 몇 개인지 헷갈릴 때가 있겠죠. 그래서 작은 전광판에 표시를 해 둬요. S는 스트라이크, B는 볼을 말해요. 그 아래 O는 아웃 카운트를 뜻해요.

타자는 스트라이크가 세 개가 되면 '삼진 아웃'이 되고, 반대로 볼이 네 개면 '볼넷'으로 1루까지 걸어갈 수 있어요.

그런데 만약 투수가 던진 공이 스트라이크 존을 벗어난 것도 모자라, 타자를 맞혔을 때는 어떻게 될까요?

이를 사구死球라고 해요. '죽을 사死'를 쓰네요. 공에 맞으면 죽을 수도 있다는 뜻일까요? 불행히도, 실제로 그런 일도 있었어요. 사구도 볼넷과 마찬가지로 타자가 1루까지 걸어가요.

그리고 보니 타자가 1루까지 가는 건 안타도 있고, 사구와 볼넷도 있네요.

초등학생이 프로 야구 선수를?

"아빠. 스트라이크 존 좌우는 홈 플레이트가 있으니까 딱 정해졌지만, 높이는 타자에 따라 다르겠네요?"

"그렇지. 아무래도 키가 크면 스트라이크 존이 더 커지겠지."

"반대로 키가 작으면 유리한 점도 있겠네요. 스트라이크 존이 작으니까."

"그렇다고 볼 수 있지. 하지만 작은 선수라도 키가 1미터 70센티미터 정도 되니까 실제로 투수들이 크게 어색하지는 않을 거야."

"만약 아주 작은 선수가 있다면요?"

"그렇다면 투수가 아주 난처하겠지. 공을 낮게 던지는 게 정말 어렵거든."

"그럼 제가 지금 타석에 서도 잘하면 볼넷을 얻을 수 있겠네요?"

"아마도 그럴 걸. 실제 그런 일이 있었거든."

"초등학생이 프로 야구 타석에 섰다고요?"

"초등학생은 아닌데, 초등학생보다 작은 선수가 있었지."

1미터 9센티미터 비밀 병기 '가이델'

초등학교 1학년쯤 되는 키가 작은 선수가 프로 야구 타석에 서면 어떤 일이 벌어질까요? 에디 가이델은 어릴 때 발육 장애를 겪어 키가 109센티미터, 몸무게가 30킬로그램에 불과했어요. 이 선수가 실제로 메이저 리그 경기에 나섰어요.

1951년 상황입니다. 가장 당황한 사람은 상대 투수였어요. 가이델의 키가 작다 보니 스트라이크 존이 보통 크기의 1/3로 줄었던 겁니다. 결국 네 개 연속 던진 공은 모두 볼이 됐고요. 볼 넷을 얻은 가이델은 의기양양하게 1루로 걸어 나갔어요. 관중들은 진풍경에 기립 박수를 보냈어요.

이 일은 당시 세인트루이스 브라운스 구단주가 창단 50주년을 기념해 기획했다고 합니다. 상대팀 디트로이트는 가이델이 '부정 선수 정식으로 등록되지 않은 선수'라고 항의했지만, 가이델은 메이저 리그에 등록된 선수였어요.

하지만 리그에서는 이날 이후 가이델의 출장을 금지시켰어요. 가이델은 메이저 리그에 딱 한 타석 등장하고 은퇴한 선수가 된 겁니다. 연봉은 100달러였고요. 딱 하루 일했으니 일당이 100달러였던 셈이죠.

가이델이 입었던 유니폼에는 등 번호 1/8이 새겨져 있어요. 작은 키를 빗댄 번호였죠. 이 유니폼은 메이저 리그 명예의 전당에 전시돼 있어요.

오각형은 힘이 세다?

"정말 신기한데요. 저는 야구에서 야구공이 가장 중요하다고 생각했는데, 이제 와서 보니 홈 플레이트가 야구를 지배하는 것 같아요."

"오각형이라 그런가? 아빠도 홈 플레이트가 야구에서 가장 힘이 센 지배자인 것 같아."

"오각형과 힘이 관계가 있나요?"

"글쎄. 우연의 일치인지 모르겠지만, 전 세계에서 가장 힘이 센 건물이 오각형으로 지어졌거든. 바로 미국 국방부 건물인 펜타곤_{오각형}이야."

야구의 펜타곤, 홈 플레이트!

미국 국방부는 육군, 해군, 공군 3군을 총괄하는 미국 연방 정부 기관입니다. 사실상 전 세계를 움직이는 곳이죠. 그런데 그 건물을 펜타곤Pentagon이라고 불러요. 펜타곤은 오각형이라는 뜻인데, 미 국방부 건물이 오각형으로 생겼거든요.

나폴레옹의 요새를 본따 만들었다는 얘기도 있어요. 아무래도 오각형은 힘이 아주 센가 봐요.

야구에 있는 오각형 홈 플레이트도 막강한 힘을 자랑해요. 야구장을 그리는 기준점이 되고, 스트라이크 존의 기준이 되죠. 또 타자가 이 홈 플레이트에서 출발해서, 홈 플레이트로 돌아와야 점수가 나고요. 야구의 처음과 끝이네요.

그런데 야구 오각형은 펜타곤과 약간 다르게 생겼죠? 펜타곤은 정오각형인데요. 홈 플레이트는 단순한 오각형이 아니라 잘 보면 사각형 한 개와 삼각형 한 개가 합쳐진 모양이네요.

그리는 방법도 간단해요. 일단 가로, 세로 43.2센티미터인 정사각형을 그려요. 그리고 사각형에 가로 선을 그어서 정확히 둘로 나눠요. 위쪽 사각형 하나는 그대로 두고, 아래쪽 사각형 안에 삼각형을 그려요. 사각형과 접해 있는 변을 밑변으로 하는 삼각형이죠. 그 나머지는 버려요.

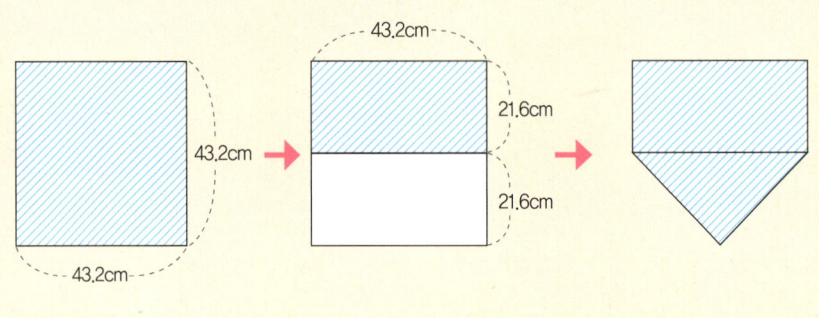

그럼 홈 플레이트가 완성돼요.

그래서 넓이는 사각형과 삼각형의 넓이를 합해 주면 되겠죠? 먼저 사각형 넓이는 '가로×세로'니까 한번 계산해 볼까요?

$$43.2\text{cm} \times 21.6\text{cm} = 933.12\text{cm}^2$$

삼각형의 넓이는 '밑변(가로)×높이(세로)÷2'죠?

왜 삼각형은 2로 나눌까요? 왜냐하면 사각형의 넓이 가로×세로의 절반이잖아요. 절반이니까 2로 나눠주는 거죠. 그럼 계산해 볼까요?

$$밑변(43.2\text{cm}) \times 높이(21.6\text{cm}) \div 2 = 466.56\text{cm}^2$$

그럼 사각형과 삼각형의 넓이를 더해 줄까요.

$$933.12\text{cm}^2 + 466.56\text{cm}^2 = 1,399.68\text{cm}^2$$

답은 1,399.68제곱센티미터가 되네요.

또 하나의 방법이 있어요. 밑에 있는 삼각형을 둘로 쪼개면 서로 합동이죠? 합동은 모양과 크기가 같은 걸 말해요. 이 삼각형 둘을 붙여 보니 정사각형이 나오네요. 위에 있는 큰 사각형의 딱 절반이 돼요.

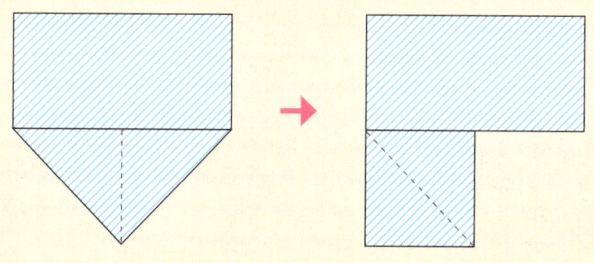

그럼 이 조건을 이용해 볼까요?

위에 있는 사각형의 넓이가 933.12제곱센티미터이면 아래 사각형은 그 절반이니깐 466.56제곱센티미터죠.

그래서 933.12㎠+466.56㎠=1399.68㎠.

역시 같은 결과가 나오네요.

홈 플레이트의 또 다른 역할!

"정말 홈 플레이트에는 생각 이상으로 많은 게 들어가 있네요."

"그런데 아직 끝나지 않았는데……."

"더 있다고요?"

"응, 그것 말고도 다른 역할도 있지. 바로 1루와 3루의 방향을 잡아 주는 역할도 해. 오각형 빗변을 따라 선을 그으면 1루와 3루의 베이스 라인을 정확하게 그릴 수가 있단다."

"그럼 홈 플레이트가 규격대로 돼 있지 않으면 야구장이 엉뚱하게 그려지 겠네요?"

"맞아. 그 오각 홈 플레이트에서 정사각형이 탄생하는 거지."

그럼 사각형과 삼각형의 넓이를 더해 줄까요.

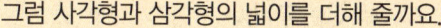

답은 1,399.68제곱센티미터가 되네요.

또 하나의 방법이 있어요. 밑에 있는 삼각형을 둘로 쪼개면 서로 합동이죠? 합동은 모양과 크기가 같은 걸 말해요. 이 삼각형 둘을 붙여 보니 정사각형이 나오네요. 위에 있는 큰 사각형의 딱 절반이 돼요.

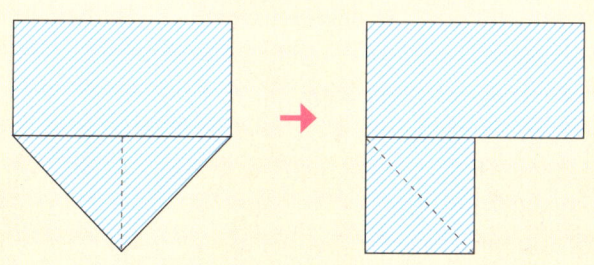

그럼 이 조건을 이용해 볼까요?
위에 있는 사각형의 넓이가 933.12제곱센티미터이면 아래 사각형은 그 절반이니깐 466.56제곱센티미터죠.
그래서 933.12㎠+466.56㎠=1399.68㎠.
역시 같은 결과가 나오네요.

홈 플레이트의 또 다른 역할!

"정말 홈 플레이트에는 생각 이상으로 많은 게 들어가 있네요."

"그런데 아직 끝나지 않았는데……."

"더 있다고요?"

"응, 그것 말고도 다른 역할도 있지. 바로 1루와 3루의 방향을 잡아 주는 역할도 해. 오각형 빗변을 따라 선을 그으면 1루와 3루의 베이스 라인을 정확하게 그릴 수가 있단다."

"그럼 홈 플레이트가 규격대로 돼 있지 않으면 야구장이 엉뚱하게 그려지겠네요?"

"맞아. 그 오각 홈 플레이트에서 정사각형이 탄생하는 거지."

녹색 다이아몬드

홈 플레이트에서 1, 3루까지 거리는 27.4미터입니다. 홈 플레이트에서 2루까지, 또 1루에서 3루까지 거리가 나란히 38.79미터이고요.

홈, 1루, 2루, 3루가 연결하면 마름모이고, 정사각형입니다.

얼핏 보면 다이아몬드같이 생겼죠? 그래서 야구장을 녹색 다이아몬드라고 해요.

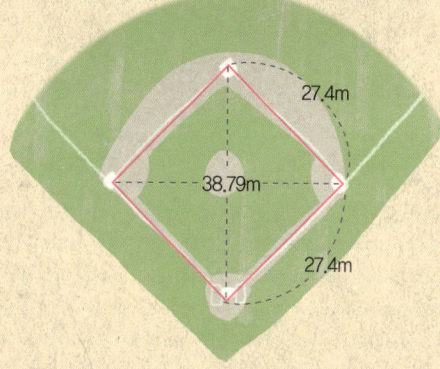

그럼 야구장 사각형의 넓이를 구해 볼까요?

사각형은 좀 수월하죠? '밑변×높이'가 답이에요. 정사각형이라 더 쉽네요. 밑변도 27.4미터, 높이도 27.4미터.

$$27.4 \times 27.4 = 750.76 \text{m}^2$$

그런데 홈 플레이트에서 뻗어나간 선이 외야까지 연결되죠? 이 선은 파울과 페어를 나눕니다.

　타자가 친 공이 이 선 안쪽으로 떨어지면 페어가 되고, 정상적으로 플레이가 이뤄집니다.

　이 선 밖으로 나가면 파울이라고 하고, 타자는 다시 타석에 들어서요. 대신 스트라이크가 하나 추가돼요. 단 스트라이크가 두 개인 상황, 즉 투 스트라이크Two Strike에서 파울이 나오면 삼진 아웃이 안 돼요.

　물론 파울이라도 뜬공을 수비가 잡으면 아웃되고요.

　이 선은 펜스까지 뻗어있는데, 펜스를 넘어가면 홈런이라고 했죠? 펜스까지 거리는 좌우로는 100미터 전후이고요, 가운데는 120미터 전후입니다. 야구장마다 약간씩 달라요. 우리 나라에서는 서울에 있는 잠실 야구장이 가장 커서 홈런 치기가 힘들어요. 그래서 잠실 구장을 쓰고 있는 LG와 두산에서는 단 한 번도 홈런왕이 나오지 않았어요.

야구 박사는 도형 박사!

"와~. 이제 야구에 대해 제대로 알겠어요."

"하하! 우리 수달이가 이제 슬슬 야구 박사가 돼 가는데. 하지만 이제 겨우 기초만 뗀 거란다."

"알아야 할 게 더 있다고요?"

"물론이지. 하지만 오늘까지 배운 것만 해도 엄청난 거야."

"네. 오늘은 특히 도형 계산법에 대해서 정확히 알게 된 것 같아 좋아요. 야구와 도형이 이렇게 밀접한 관계인 줄 미처 몰랐어요."

"그럼 저번에 이어 오늘도 집에 가서 복습을 해 볼까? 수학 성적이 또 오르겠는 걸."

"네. 좋아요. 이번에는 75점이 목표랍니다."

아빠와 수달이는 그렇게 보람찬 하루를 보냈어요.

"엄마, 다녀왔어요."

엄마의 표정은 저번과 확연히 달랐어요.

"방에 수학책하고 간식 준비해 놨다. 오늘 배운 걸 바로 복습하렴."

"역시 우리 엄마야! 이렇게 쉬는 시간도 없이 바로?"

수달이는 전에 이런 상황에서 짜증을 내곤 했지만, 이번에는 싫지 않았어요. 엄마도 수달이가 많이 달라지고 있다는 걸 느꼈어요.

수학책을 펴서 도형 부분을 공부했어요. 삼각형, 사각형 등 다각형에 생긴 모양도 제각각인 평행 사변형, 사다리꼴 등등이 나왔어요. 공식이 다양했지만, 기본 원리를 놓고 보니 어렵지 않았어요. 전에 제대로 못 풀었던 문제도 쉽게 풀 수 있었어요.

문제 1

3/8 0.375
2/5

다음 도형에서 색칠한 부분의 넓이가 15제곱센티미터일 때, 전체의 넓이를 구하시오.

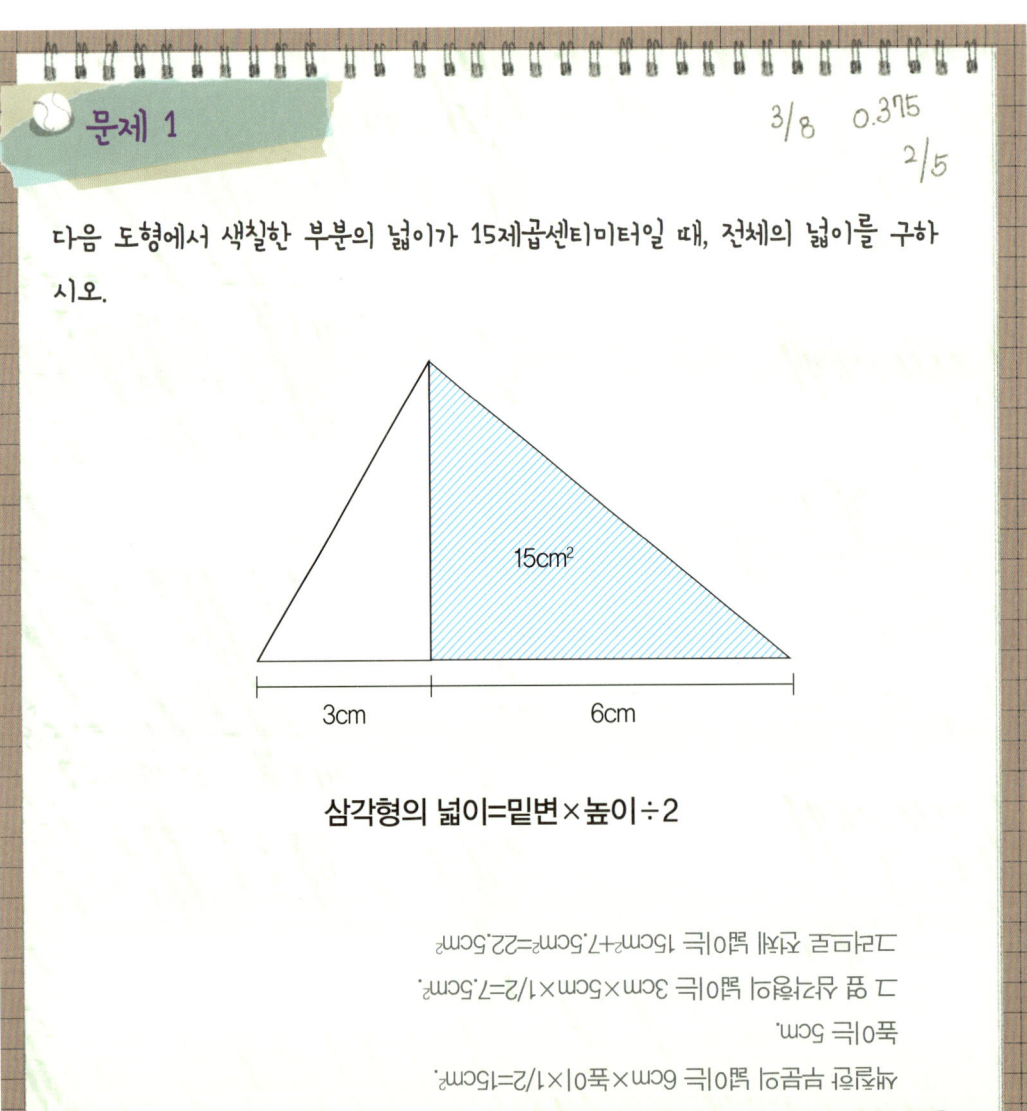

삼각형의 넓이=밑변×높이÷2

정답: 22.5cm²
색칠한 부분의 넓이는 6cm×높이×1/2=15cm².
높이는 5cm.
그 옆 삼각형의 넓이는 3cm×5cm×1/2=7.5cm².
그러므로 전체 넓이는 15cm²+7.5cm²=22.5cm²

이틀 뒤 시험 시간. 시험을 앞두고 걱정도 됐지만, 전에 느껴보지 못했던 묘한 기대감도 들었어요. 기대했던 도형 넓이 문제는 상당히 어려웠어요. 맨 마지막 문제로 나온 것만 봐도 어렵게 느껴졌어요. 하지만 원주율을 잘 이용했더니, 결국 푸는 데 성공했어요.

문제 2

3/8   0.375
      2/5

다음 조건의 400미터 트랙이 있습니다. 정현이가 1번 레인, 자인이가 2번 레인에서 달립니다. 똑같이 400미터를 달리려면 자인이는 정현이보다 몇 미터 앞에서 출발해야 할까요(반올림해서 소수점 아래 둘째 자리까지 표시하시오)?

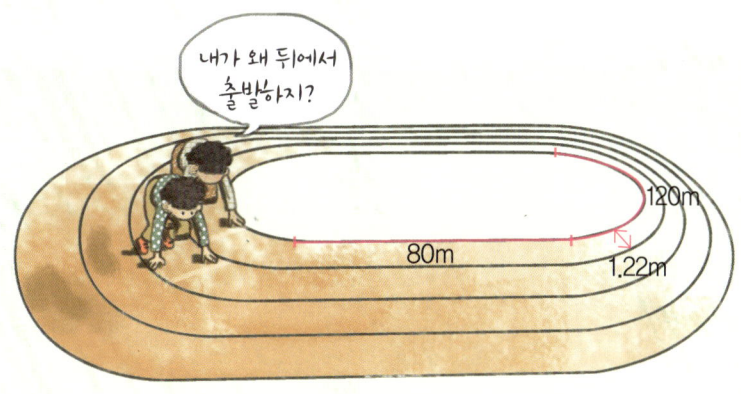

직선 구간 한쪽이 80미터, 1레인 곡선 구간 한쪽은 120미터입니다.
곡선은 바깥쪽으로 한 레인 옮길 때마다 1.22미터씩 커집니다.

정답: 7.66m

수달이는 차분하게 풀기 시작했어요.

"일단 둘의 직선 구간의 길이는 똑같다. 80미터씩 두 개니까 160미터이고 정현이의 곡선 구간은 120미터씩 두 개니까 240미터네. 그래서 정현이는 직선 160미터, 곡선 240미터로 총 400미터다."

문제는 자인이네. 직선은 정현이와 같으니까 240미터. 그런데 곡선은……. 일단 직선과 곡선을 분리해야겠다. 곡선 구간만 떼어서 붙이니까 원

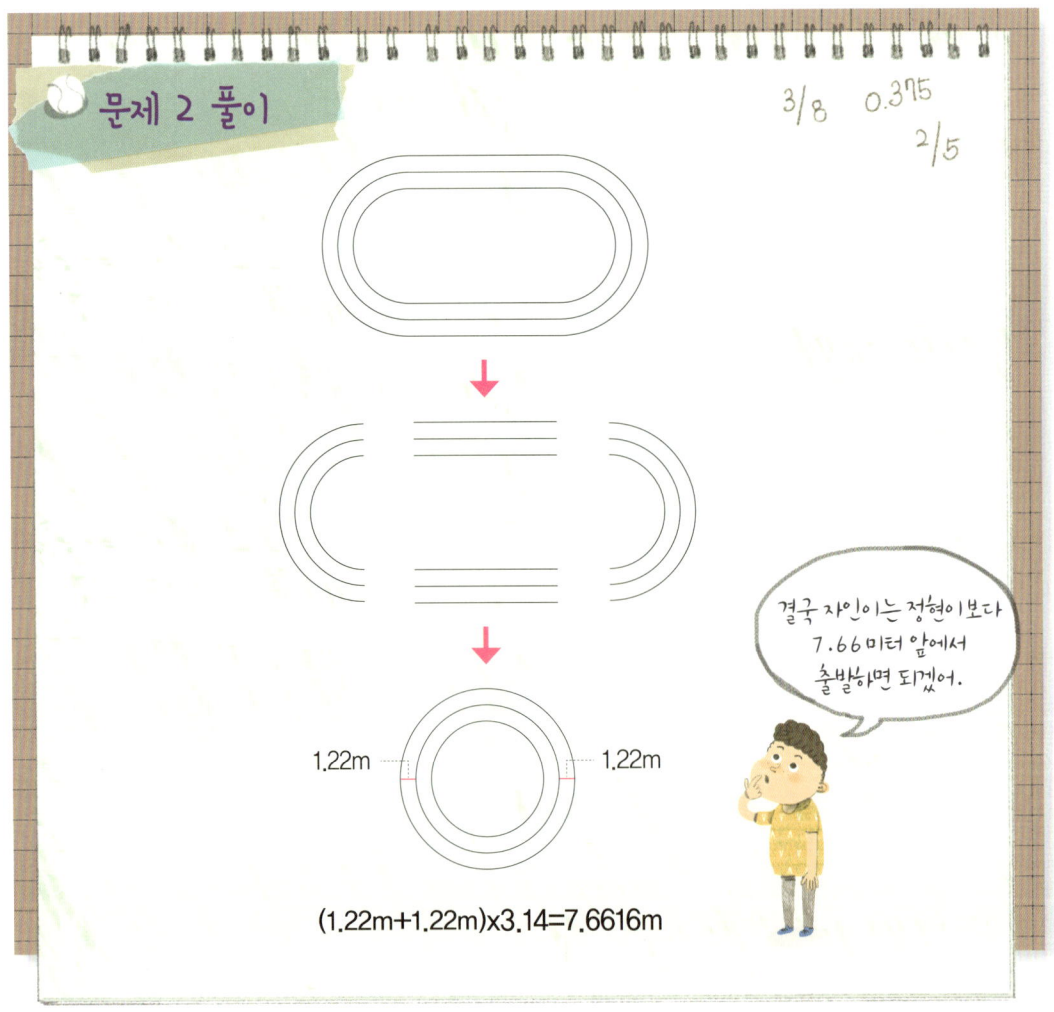

이 되네.

 자인이의 원은 정현이의 원보다 반지름이 1.22미터씩, 그러니까 지름이 2.44미터 더 크네. 그래서 자인이 원 둘레 길이는 2.44미터×3.14만큼 더 커지군. 2.44×3.14=7.6616이고 반올림하니까 7.66미터가 되네."

 성적표를 받아든 수달이는 뿌듯한 표정을 짓지 않을 수 없었어요. 정말로 목표 점수였던 75점을 받았거든요.

 수달이가 자랑스럽게 내민 시험지에 75점이 적힌 걸 보고 엄마는 정말 믿지 못하겠다는 표정이었어요. 고개를 흔들기도 했어요.

 그리고는 "수달아, 다음에 또 언제 야구장 갈거니?"라고 물었어요. 엄마는 수달이의 수학 두뇌가 점점 발달하고 있다는 걸 느꼈어요.

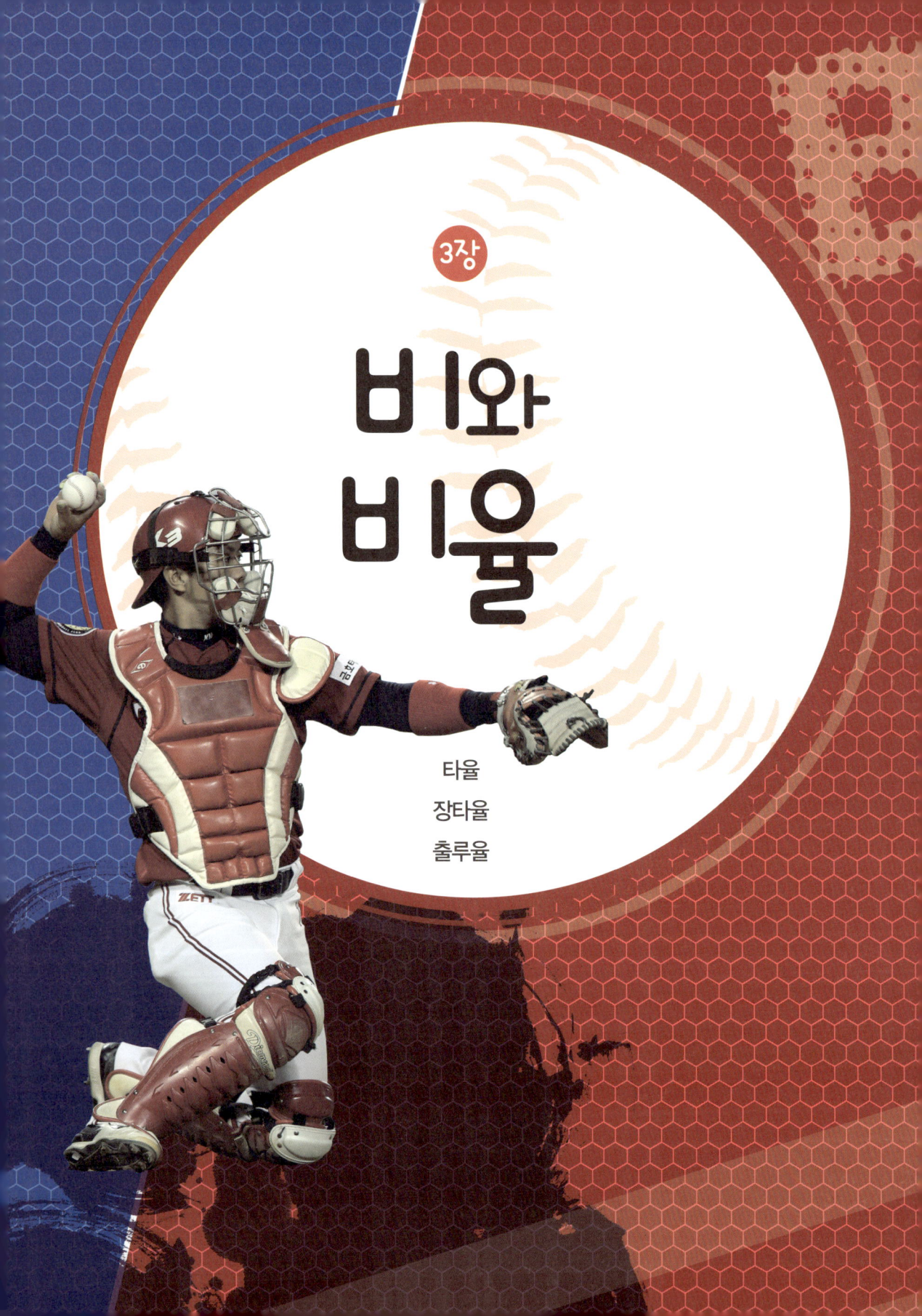

3장
비와 비율

타율
장타율
출루율

비와 비율의 총집합, 야구

▶ 비(比) – 두 수의 양을 기호 ':'을 사용해 나타내는 것.

▶ 비율(比率) – 기준량에 대한 비교하는 양의 크기.

야구는 '기록의 스포츠'라고 해요. 한 경기만 해도 엄청나게 많은 양의 기록이 쏟아져요. 다른 종목과 비교할 수 없을 정도입니다. 그런데 대부분 비와 비율을 이용해서 나타내요.

타자가 안타를 몇 개 쳤는지는 '타율'로, 얼마나 멀리 쳤는가는 '장타율'로, 몇 번이나 살아서 나갔는지는 '출루율'로 나타내죠.

야구의 기록을 이해하면 '비와 비율'은 저절로 알 수 있어요.

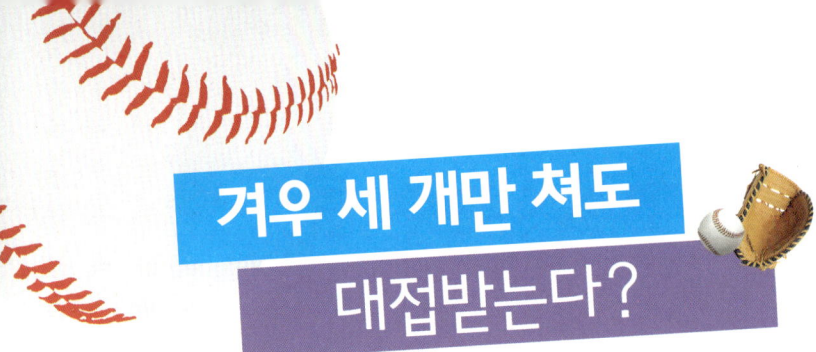
겨우 세 개만 쳐도 대접받는다?

아빠와 함께 한 세 번째 야구장 나들이. 파란 하늘 아래에서 보기 드문 명승부가 펼쳐졌어요.

오늘은 양 팀 '에이스' 대결이었어요. 그래서인지 5회까지 양 팀 모두 점수를 한 점도 뽑지 못했고, 안타만 총 네 개를 기록했어요. 그것도 한 타자가 두 개를 쳤으니, 양 팀 타자 중에서 안타를 기록한 선수는 세 명에 불과했어요.

"정말 오늘은 안타 구경하기 힘드네요."

"야구가 원래 그래. 타자가 안타를 치는 게 확률적으로 아주 낮거든."

"정말 답답해서 못 보겠어요. 차라리 제가 나가서 치는 게 낫겠어요."

"이런……. 그러면 프로 야구 선수들은 뭐 먹고 살게?"

"아무리 그래도 어쩔 수 없어요. 제가 타석에 서도 열 번에서 세 개는 안타를 칠 수 있을 것 같아요."

"아빠가 보기에는 수달이는 공도 제대로 못 보고 삼진으로 아웃될 걸."

"설마요?"

수달이는 멋지게 타격 자세를 취하면서 큰소리를 쳤어요.

"프로 야구 타자들도 열 번에서 안타를 세 개만 쳐도 '3할 타자'라고 대접을 받는데?"

"겨우 세 개를 쳐도 잘 친다는 소리를 듣는다고요?"

"응. 생각보다 안타를 치는 게 쉽지 않거든."

0.4초의 승부

투수가 서 있는 지점에서 홈 플레이트까지의 거리는 18.44미터입니다. 투수가 시속 140킬로미터가 넘는 공을 던지면 포수 글러브까지 0.4초면 도착해요. 즉, 눈 한 번 깜빡일 시간에 공을 쳐서 안타를 만들어야 하는 거죠.

타자는 0.25초까지는 움직이지 않아요. 이 시간 동안 공을 보고, 공의 위치를 판단하고, 뇌가 근육에 명령을 내려요. 그리고 나머지 0.15초 만에 스윙을 합니다. 그래서 타자는 열 개 중에 세 개 정도 안타를 뽑아내면 좋은 타자라고 불려요. 우리가 흔히 말하는 '3할 타자'입니다.

시험 문제에서 열 개중 세 개를 맞으면 30점이죠. 이 점수는 선생님이나 엄마에게 혼날 점수인데, 야구에서는 정말 좋은 타자라고 칭찬을 받습니다.

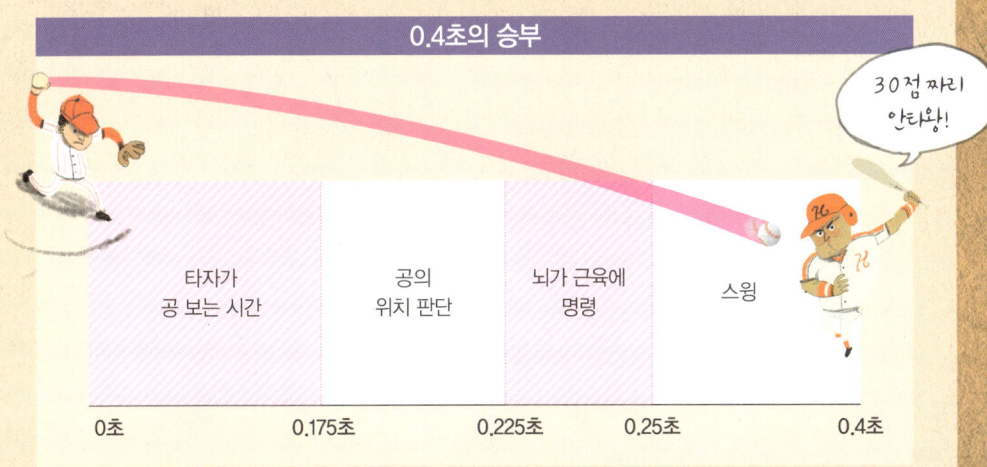

0.4초의 승부

왜 소수를 '할, 푼, 리'로 읽을까요?

"아빠, 열 번 중에 안타 세 개를 치면 3할이라고 했죠. 왜 3할이라고 불러요?"

"응. 그걸 타율이라고 해. 총 열 번 쳐서 안타를 세 개 기록하는 걸 분수로 어떻게 나타낼 수 있지?"

"그야 간단하죠. 3/10이죠."

"옳지. 그럼 소수로 나타내면?"

잠시 낑낑댔지만, 답을 맞혔어요.

할, 푼, 리 이상의 단위

가끔 왜 소수를 할, 푼, 리로 읽어야 하는지 질문하는 친구들이 있어요. 그런데 우리는 234를 어떻게 읽죠? '이삼사'라고 읽나요? 아니죠. 2백3십4라고 읽죠? 소수도 마찬가지랍니다. 소수점 아래 첫째 자리부터 할, 푼, 리, 모, 사, 홀, 미…… 등의 단위를 붙여 읽어요.

야구에서는 타율 등 대부분의 기록은 소수 넷째 자리에서 반올림을 해서, 소수점 아래 셋째 자리까지 표시해요. 그래서 보통 '할, 푼, 리'만 알아도 되죠. 하지만 그 이상의 단위를 써야 할 때도 가끔은 있어요.

1990년 타격 1위를 놓고 세 명의 타자가 치열한 경쟁을 벌였어요. LG 노찬엽 선수가 0.333으로 가장 먼저 시즌을 마쳤어요. 그런데 다음 날 빙그레 이강돈 선수가 0.335로 노찬엽 선수를 제쳤어요. 이강돈 선수가 타격왕을 차지할 가능성이 아주 높았어요. 하지만 마지막 날 반전이 일어났어요. 이틀 뒤 해태 한대화 선수도 똑같이 0.335를 기록했어요. 결국 한국야구위원회KBO에서는 '할, 푼, 리'에다 '모, 사'까지 따져야 했어요.

두 명의 타율을 직접 계산해 볼까요?

이강돈: 436타수 146안타

한대화: 418타수 140안타

정답: 이강돈: 0.33486(3할 3푼 4리 8모 6사)
한대화: 0.33493(3할 3푼 4리 9모 3사)

메이저 리그와 일본에도 없던 일이었어요.

왜 어려운 소수를 쓸까?

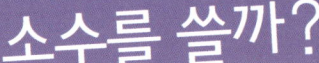

소수를 할, 푼, 리를 붙여 읽는다는 걸 알게 됐지만, 수달이는 궁금증이 가시지 않았어요.

"아빠, 분수로 나타내면 쉬운데, 왜 어려운 소수로 나타내서 읽죠?"

"그럼 한번 비교해 봐. A라는 선수가 여덟 번 타석에 들어서서 안타 세 개를 쳤고, B는 다섯 번 타석에 들어서서 안타 두 개를 쳤어. 누가 더 타율이 좋을까?"

수달이는 얼른 분수로 나타내 봤어요.

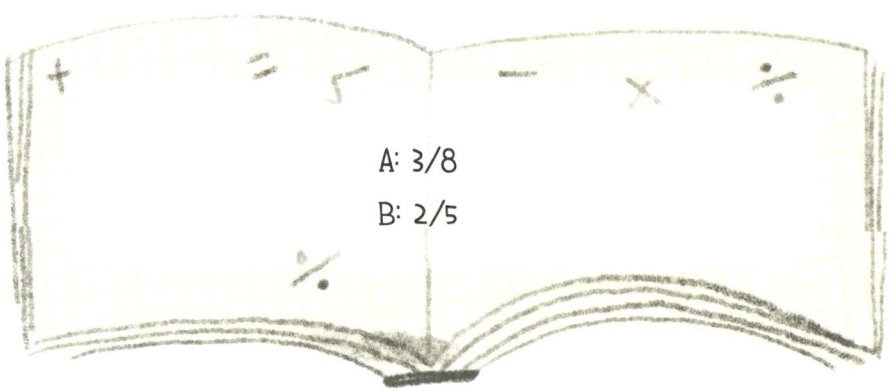

A: 3/8
B: 2/5

분수로 나타내는 건 쉬웠지만, 한 번에 비교되지 않았어요.

"그래서 소수가 필요한 거야. 소수로 표현해 봐."

이번에도 조금 시간이 걸렸지만, 무사히 답을 맞혔어요.

"A는 0.375, B는 0.400이요."

"빙고! 가만 보니 우리 수달이 수학 잘하는구나."

"와, 정말 소수로 나타내니까 비교하기 쉽네요. B가 타율이 더 높아요. 왜 소수를 공부하는지 이제 알겠어요."

"타율은 타자의 향후 능력을 예측할 때도 이용된단다. '타율 3할인 타자가 앞으로 열 번 타석에 들어서면 안타를 몇 개나 뽑아낼 수 있을까?'라는 궁금증을 해결해 주지. 직접 풀어 볼래?"

"음 타율 3할이면 3/10. 열 번 더 타석에 들어선다면 거기에 10을 곱해야겠네요. 10×3/10=3. 안타 세 개를 친다는 얘기네요?"

"빙고! 갈수록 똑똑해지네."

수달이는 너무 신기했어요. 어렵던 분수와 소수가 이렇게 척척 풀리다니.

"그런데 아빠, 3할 치기가 그렇게 어려우면 4할은 꿈도 못 꾸겠네요?"

"요즘에는 상상하기 힘든 기록이지. 하지만 프로 야구 초창기에는 있었단다."

마지막 4할 타자?

우리나라 프로야구는 1982년에 시작됐는데요. 4할 타율은 지금까지 딱 한 번 나왔어요. 1982년에 MBC 백인천이 기록했지요. 0.412. 즉 4할 1푼 2리였어요. 직접 계산해 볼까요?

1982년 백인천 기록

타수 : 250

안타 : 103

정답: 103/250=0.412

백인천은 당시 MBC 감독 겸 선수였어요. 즉, 감독도 하면서 선수도 했던 거죠. 백인천은 고등학교를 졸업한 뒤 일본 프로 야구에 진출했어요. 일본 리그에서도 타격왕을 차지할 정도로 타격 능력이 좋았어요. 마흔 살 때 우리나라에 프로 야구가 생기자 MBC 지금은 LG에 감독 겸 선수로 입단해 처음이자 마지막 4할을 기록했어요.

100년 넘는 미국 프로 야구 역사에서도 4할 타자는 귀해요. 총 스물네 번 나왔는데, 대부분 프로 야구 초창기였어요. 1941년 테드 윌리엄스가 마지막으로 0.406을 기록한 뒤 70년이 넘도록 단 한 명도 나오지 않고 있어요.

그래서 테드 윌리엄스를 '마지막 4할 타자'로 불러요. 테드 윌리엄스는 한국 전

"난 한국 전쟁 참전 용사야!"

쟁 참전 용사이기도 합니다. 윌리엄스 대위는 1952년 해병 항공대 조종사로 복무했어요. 전투기를 몰고 총 39회의 폭격을 수행했는데, 한번은 평양에 폭격을 퍼붓고 오는 길에 적군의 대공포에 맞았어요. 다행히 수원 공군 기지에서 비상 착륙을 했어요. 착륙 직후 윌리엄스는 아무 일 없었던 듯이 밥 먹으러 가 버렸다고 하네요.

그럼 상대팀들은 윌리엄스를 어떻게 막았을까요? 왼손잡이인 윌리엄스는 늘 우익수 쪽으로 당겨 쳤어요. 타구가 대부분 야구장 오른쪽으로 날아갔어요. 그래서 상대 팀은 윌리엄스에게 안타를 내주지 않기 위해 수비수를 대부분 오른쪽으로 옮겼어요. 이렇게 수비수의 위치를 옮기는 것을 야구에서는 시프트_{Shift옮기다}라고 하는데, 윌리엄스의 이름을 붙여서 '테드 윌리엄스 시프트'라고 해요.

정말 상상도 하기 힘든 시프트였지만, 윌리엄스는 꿈쩍도 하지 않았어요. "수비수를 옮길 테면 옮겨 봐라. 어차피 빈 자리는 많다. 아니면 넘기면 된다"면서 결국 4할 타율에 성공했어요.

테드 윌리엄스 시프트

백분율을 알려면?

야구를 보면서, 수학 공부를 하다 보니 배가 고팠어요.

"아빠, 피자 먹고 싶어요."

"좋아. 오늘 아빠가 한 판 쏘지."

맛있는 불고기 피자였어요. 수달이는 피자 한 조각을 먹을 때마다 자신도 모르게 타율을 계산하고 있었어요.

"전체 여덟 조각 중에서 한 조각 먹었으니 1/8이고, 0.125!"

수달이는 한껏 신나서 중얼거렸어요.

"그런데 수달아. 혹시 백분율이라고 아니?"

"할, 푼, 리 말고 백분율이요?"

"응. 할, 푼, 리보다 백분율이 일상 생활에서 더 흔하게 쓰인단다. '공사가 50퍼센트 진행됐다' 이런 말 많이 들었지?"

"듣긴 들었죠. 그런데 어떻게 계산하는지 잘 모르겠어요."

"소수를 배웠으면 거의 다 안 거야. 소수에 100을 곱해 주면 그게 바로 백분율이거든."

"그렇게 간단해요?"

"방금 네가 피자를 0.125 먹었다고 했지? 거기가 100을 곱해 주면 12.5가 되지. 넌 피자의 12.5퍼센트를 먹은 거야."

"정말 간단하네요. 그럼 남은 피자는 100퍼센트에서 12.5퍼센트를 빼니까

87.5퍼센트이네요."

"대단한데. 역시 우리 수달이는 머리 회전이 빨라. 하나를 알려주면 최소한 둘은 안다니까."

양 팀 에이스가 물러난 뒤에는 분위기가 돌변해 타격전으로 바뀌었어요. 점수가 쏟아지기 시작했어요. 특히 에이스를 상대로 안타 두 개를 기록했던 타자가 오늘 하루 종일 펄펄 날았어요. 그 선수는 9회 말 마지막 타석에서 1루타를 쳤어요. 그런데 관중들도 요란하게 박수를 보내고, 그 선수도 펄쩍펄쩍 뛰면서 기뻐했어요. 전광판에 '사이클링 히트'라는 자막이 뜨자 경기장은 축제 분위기로 바뀌었어요.

특별한 기록
사이클링 히트

사이클링 히트 Cycling HIts

사이클링 히트는 타자가 한 경기에서 1루타, 2루타, 3루타, 홈런을 모두 기록하는 걸 말해요. 우리나라 프로야구에서는 열 번 넘게 나왔어요.
가장 최근엔 2014년 5월 23일 잠실 야구장에서 열린 한화 VS 두산 경기에서 오재원 선수가 기록했어요.

아빠는 믿을 수 없다는 표정을 지었어요.

"아빠, 도대체 사이클링 히트가 뭐길래 이렇게 난리죠?"

"한 타자가 한 경기에서 모든 종류의 안타를 기록하는 거지."

"안타가 여러 가지 있어요?"

"응. 1루타, 2루타, 3루타, 그리고 홈런."

"네? 그 모든 걸 한 경기에서 다 친다고요?"

"그러니 이렇게 난리가 난 거지."

억울한 선수를 위한 '장타율'

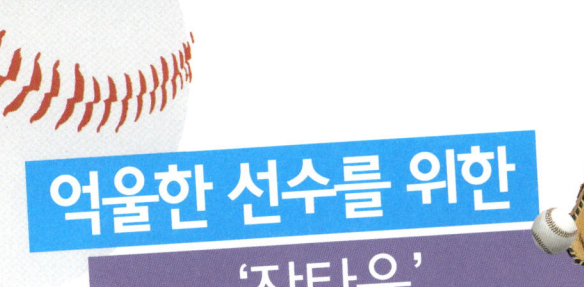

"아빠, 그런데 말이죠. 한 경기에서 네 번 쳐서 1루타·2루타·3루타·홈런을 치는 것과 1루타 네 개를 칠 때의 타율이 똑같네요. 모두 4타수 4안타. 1.000[10할]이네요."

"정말 좋은 질문이야. 사이클링 히트를 기록한 선수가 1루타 네 개를 친 선수보다 더 잘한 건 사실인데, 타율은 둘이 똑같지."

"네. 조금 불공평해요. 타율 말고 다른 기록으로 평가를 해 줘야 하는 것 아닌가요?"

"그래서 장타율이라는 게 있어."

"장타율이요?"

"응. 1루타 네 개면 모두 4루타[1+1+1+1=4]잖아. 그런데 1루타 세 개에다 2루타 한 개를 치면 모두 5루타지?"

"네. 그렇죠."

"타율은 안타 개수를 따지지만, 장타율은 루타 수를 따져. 계산은 타율과 비슷해."

"아, 대충 알겠어요. 그 선수가 몇 루타를 쳤는지 계산하면 될 것 같은데요."

"그렇지. 루타 수/타수. 이렇게 계산하면 되겠지?"

아빠는 왕대포 선수와 안타신 선수의 오늘 경기 타율과 장타율을 계산해 보라고 했어요.

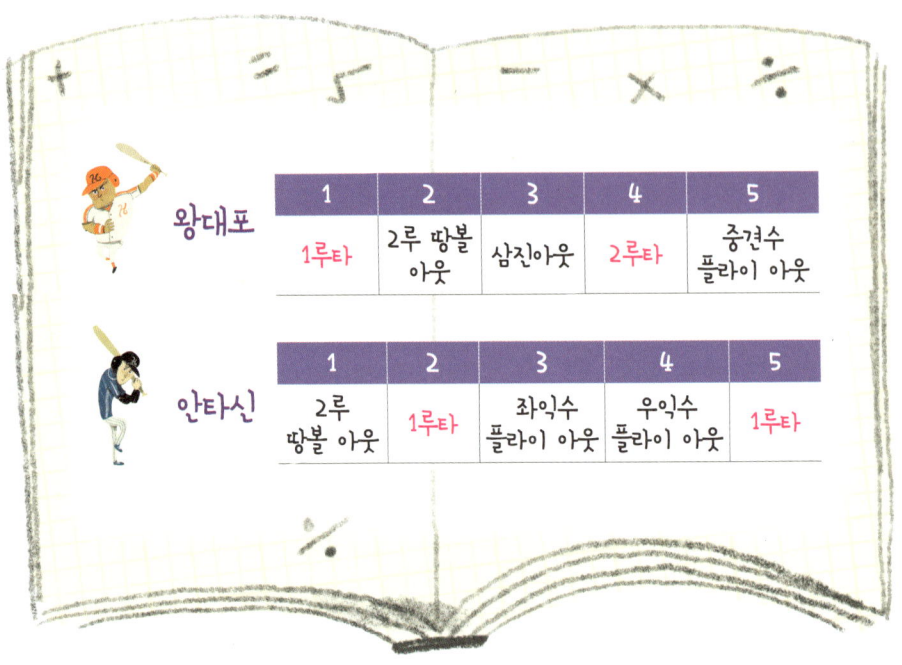

"음. 타율을 먼저 계산해 볼게요. 왕대포 선수의 타율은 타율은 2/5이니까 0.400(4할)이네요. 안타신 선수도 5타수 2안타니까 똑같이 4할이고요."

지난주 분수와 소수 공부를 열심히 한 덕에 오늘은 쉽게 풀었어요.

"그럼 장타율은?"

"왕대포는 1루타+2루타니까 총 3루타네요. 그럼 3/5=0.600이고요. 안타신 선수는 1루타 +1루타니까 총 2루타. 그래서 2/5=0.400입니다. 어렵다, 휴~."

수달이는 진땀을 흘린 뒤 아빠의 표정을 살폈어요.

"빙고! 우리 수달이 야구 계산은 아인슈타인 뺨치는데."

"같은 4할 타자라도, 왕대포 선수가 장타율에서 앞서네요."

"그렇지."

"그런데 아빠. 타율 4할은 열 번 쳐서 안타를 네 개 기록한다는 뜻이잖아요. 장타율은 무슨 뜻인가요?"

"장타율은 한 번 쳐서 몇 루타를 기록하는가를 따지는 거야. 왕대포는 한 번 칠 때 평균 0.6루를 가는 것이고, 안타신은 0.4루를 가는 거야. 아무래도 더 멀리 갈수록 득점할 수 있는 확률이 높아지겠지?"

수달이는 느낌이 딱 왔어요.

"그럼 홈런 타자는 장타율이 아주 높겠네요. 한방에 4루타를 치는 거니까?"

"그렇지. 그래서 홈런 타자가 팀 승리에 큰 기여를 하지. 그래서 연봉을 아주 많이 받는 거야."

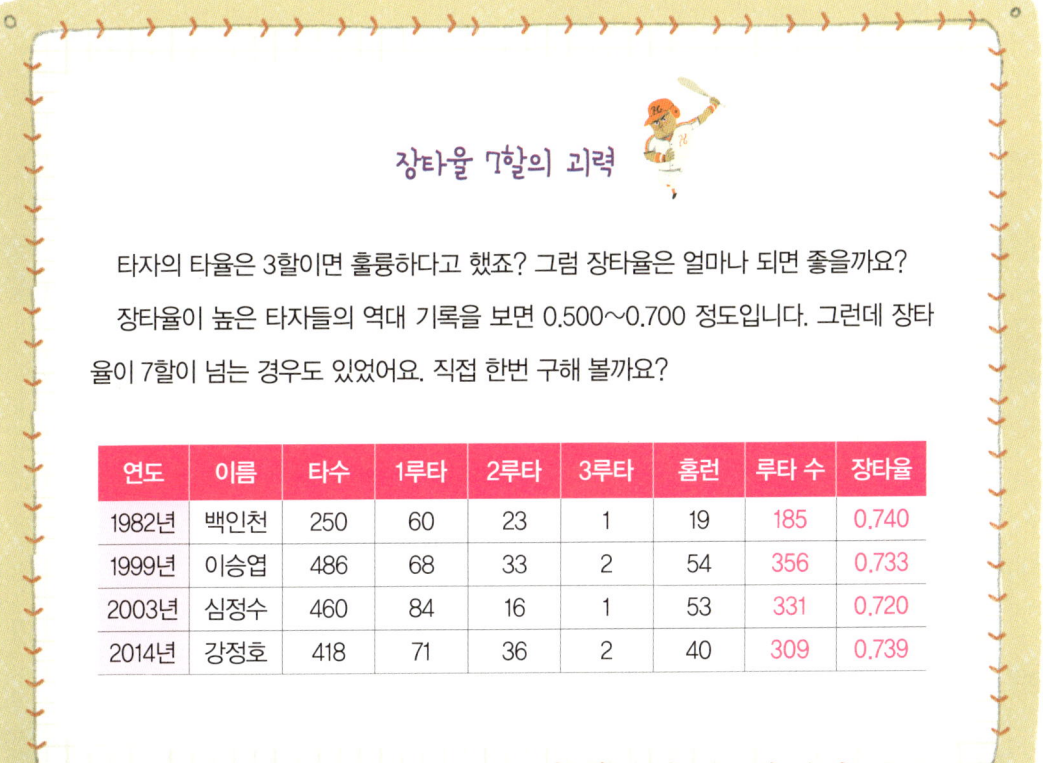

장타율 7할의 괴력

타자의 타율은 3할이면 훌륭하다고 했죠? 그럼 장타율은 얼마나 되면 좋을까요?

장타율이 높은 타자들의 역대 기록을 보면 0.500~0.700 정도입니다. 그런데 장타율이 7할이 넘는 경우도 있었어요. 직접 한번 구해 볼까요?

연도	이름	타수	1루타	2루타	3루타	홈런	루타 수	장타율
1982년	백인천	250	60	23	1	19	185	0.740
1999년	이승엽	486	68	33	2	54	356	0.733
2003년	심정수	460	84	16	1	53	331	0.720
2014년	강정호	418	71	36	2	40	309	0.739

"백인천, 이승엽, 심정수, 강정호 선수 모두 홈런 타자잖아요? 역시 홈런왕이 장타율도 높군요?"

"그렇지. 네 말대로 홈런 한 방이면 4루타가 되니 장타율이 쑥 올라가지."

"그렇다면 1루타를 많이 치는 테이블 세터는 불리하네요. 장타율에서 밀리니까요."

"꼭 그렇지 않아. 테이블 세터는 출루를 많이 해서 몸값을 높여. 요즘에는 홈런왕 이상으로 연봉을 많이 받아."

"출루요?"

"응. 베이스에 살아 나가는 거야. 야구에선 안타뿐만 아니라 볼넷_{볼이 네 개면 1루로 출루하는 것}이나 사구_{투수가 던진 공에 몸에 맞아 1루에 출루하는 것}로도 살아 나갈 수 있어."

"아. 어차피 베이스에 나가야 득점할 확률이 높아지니까 출루가 중요한 거군요?"

"그렇지."

"그럼 아까 타율 계산하는 식으로 몇 번 쳐서 얼마나 많이 살아 나갔는지 따지면 되겠네요."

"그런데 조심할 게 있어. 타율 때는 분모는 '타수'였지? 출루율 때는 타수에다 볼넷, 사구, 희생 플라이도 포함해야 해."

출루율은 타자가 기록할 수 있는 모든 경우에서, 살아서 베이스에 나간 경우_{출루}가 얼마나 되는지 알아보는 겁니다. 그래서 출루율 공식은 다음과 같아요.

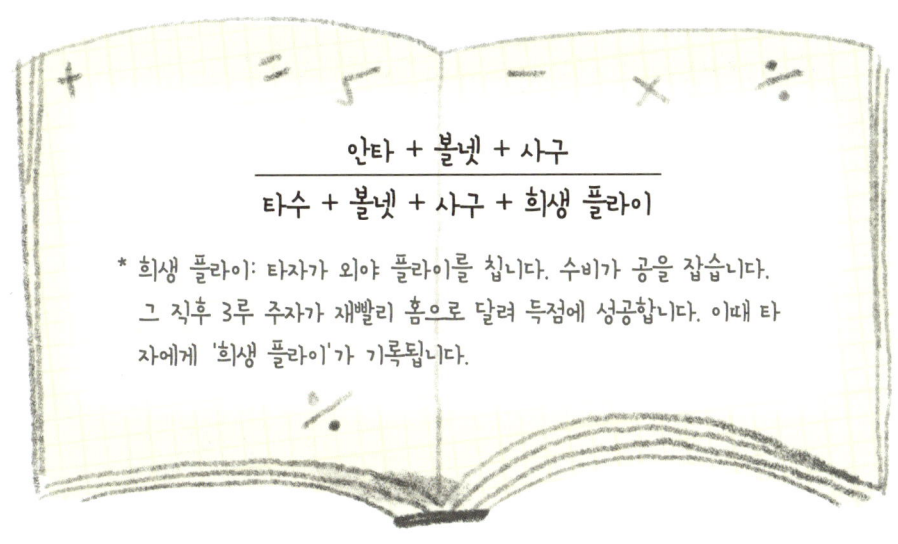

$$\frac{\text{안타} + \text{볼넷} + \text{사구}}{\text{타수} + \text{볼넷} + \text{사구} + \text{희생 플라이}}$$

* 희생 플라이: 타자가 외야 플라이를 칩니다. 수비가 공을 잡습니다. 그 직후 3루 주자가 재빨리 홈으로 달려 득점에 성공합니다. 이때 타자에게 '희생 플라이'가 기록됩니다.

"좀 복잡하기도 하지만, 잘 생각해 보면 어렵지는 않아. 이번에도 문제를 통해 직접 풀어 볼까?"

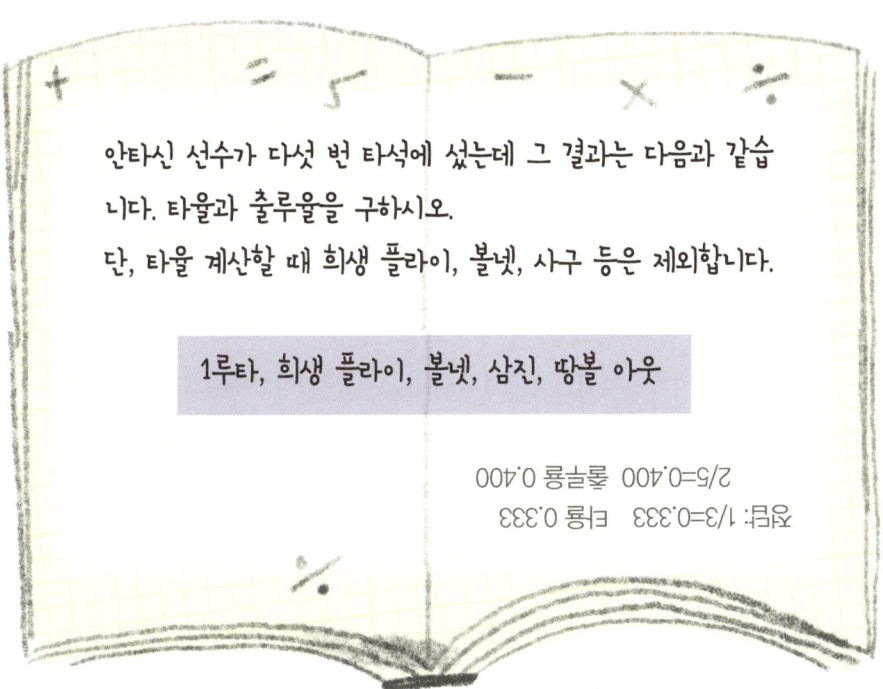

안타신 선수가 다섯 번 타석에 섰는데 그 결과는 다음과 같습니다. 타율과 출루율을 구하시오.
단, 타율 계산할 때 희생 플라이, 볼넷, 사구 등은 제외합니다.

1루타, 희생 플라이, 볼넷, 삼진, 땅볼 아웃

정답: 1/3=0.333 타율 0.333
2/5=0.400 출루율 0.400

출루율이 만든 기적의 야구, 〈머니볼〉

가난한 꼴찌가 1등이 될 수 있을까요?

팀이 좋은 성적을 내려면 몸값이 비싼 선수를 많이 영입해야 해요. 그래서 선수 연봉과 팀 성적은 거의 비례하는 게 사실이랍니다. 가난한 팀은 좋은 선수를 데려올 수가 없고, 그나마 실력 있는 선수들도 다른 구단에 빼앗기기 일쑤죠. 그래서 꼴찌를 할 가능성이 높습니다.

그런데 예외도 있죠. 메이저 리그에서는 오클랜드가 그런 팀이었어요. 기존의 야구와는 전혀 다른 '머니볼'이라는 신개념 야구 이론으로 성공했지요. 오클랜드는 1995년 구단주가 사망하면서 갑자기 빈털터리가 됐어요. 당연히 좋은 선수들이 하나둘 떠났죠.

빌리 빈이라는 단장이 이 난파선의 새로운 선장이 됐는데, 얼마나 막막했겠어요. 빌리 빈 단장은 '출루'에 주목했어요. 어차피 야구는 점수를 더 많이 내는 팀이 이기는 경기잖아요. 점수를 내기 위해서는 출루를 많이 하는 게 최고라고 생각했어요. 그래서 다른 팀들이 거들떠보지 않던 출루율이 높은 타자, 출루를 적게 허용하는 투수를 영입했어요. 장타율이 높은 타자들도 선호했어요. 왜냐하면 장타율이 높은 타자는 투수가 조심스러운 투구를 하기 때문에 볼넷을 얻어낼 가능성이 높다고 본 겁니다. 빌리 빈의 이런 구단 운영에 다른 팀들이 흉보기 시작했

죠. 홈런과 안타가 최고라는 생각이 그만큼 컸던 것이죠.

하지만 2000년대 들어 오클랜드는 질주하기 시작했어요. 2001년 팀 연봉 총액은 30개 팀 중 29위에 불과했지만, 성적은 2위102승를 차지했어요. 2002년에는 더 극적이었어요. 103년 메이저 리그 사상 최초로 20연승을 기록하며, 그 해 메이저 리그 최다인 103승을 달성했어요. 물론 연봉 총액은 메이저 리그 28위에 불과했지만요. 빌리 빈은 이를 머니볼Money ball이라고 불렀어요.

빌리 빈 단장은 선수를 기용할 때 OPS를 중요하게 봤어요. OPS는 출루율On base Percentage과 장타율Slugging Average을 합한 수치랍니다. 영어 On base Plus Slugging의 첫 글자를 따서 만들었어요. 당시만 해도 생소했는데, 요즘 국내 프로 야구에서도 많이 쓰이고 있는 기록입니다.

2002년 오클랜드의 기적은 영화 〈머니볼〉로 만들어졌어요. 미남 배우 브래드 피트가 빌리 빈 단장 역을 맡았지요.

OPS = 출루율 + 장타율

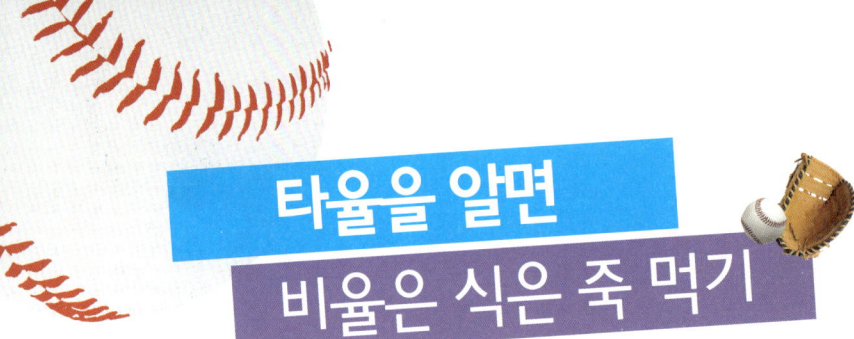

타율을 알면
비율은 식은 죽 먹기

"야구를 많이 알게 됐다고 생각했는데, 이제 걸음마를 뗀 정도라는 걸 오늘 알았어요."

"아니지. 수달이는 이미 달리기를 시작했는지 몰라."

"야구도 그렇고, 그동안 비율이 정말 어렵게 느껴졌는데, 오늘 배우면서 확실히 알게 됐어요."

집에 돌아간 수달이는 샤워를 마친 뒤 밥을 두 그릇이나 먹었어요.

"오늘은 밥심으로 제대로 공부해야지."

수학책에서 비율 부분을 찾아, 문제를 풀었어요.

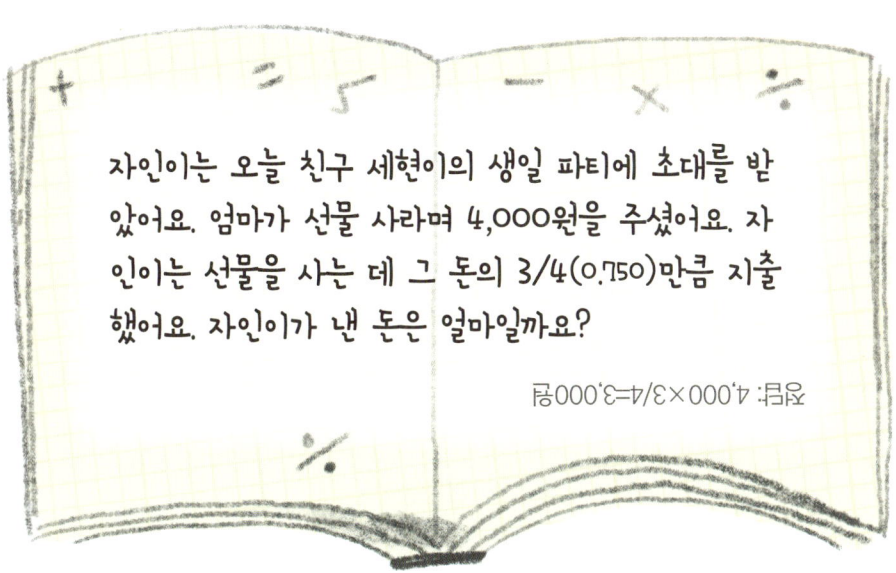

"수학이 은근히 재미있네."

너무나 쉽게 정답을 맞힌 수달이는 너무 뿌듯했어요. 더 어려운 문제들도 하나 둘 씩 풀어갔어요. 엄마가 시킨 것도 아니었는데 말이죠.

분명 수달이는 달라졌어요. 이번에도 쉽게 문제를 풀었어요.

"점점 좋아지는데. 정말 신기해."

그때였어요.

"우리 수달이가 이제 스스로 공부를 하는구나."

"오늘 배운 게 너무 재미있어서, 수학을 좀 더 쉽게 이해할 수 있어요."

"그럼 이것 좀 풀어 볼래? 아마 도움이 될 거다."

아빠가 종이 한 장을 내밀었어요.

야구로 푸는 수학 문제였어요.

"네. 100점 자신 있습니다!"

"그래 100퍼센트 맞히면 아빠가 치킨 쏜다!"

총 네 문제였는데, 좀 어려웠어요. 하지만 오늘 타율을 통해 배운 '비와 비율'이 개념을 떠올리고 풀었더니 의외로 어렵지 않게 답을 찾을 수 있었어요. 수달이는 심호흡을 먼저 했어요.

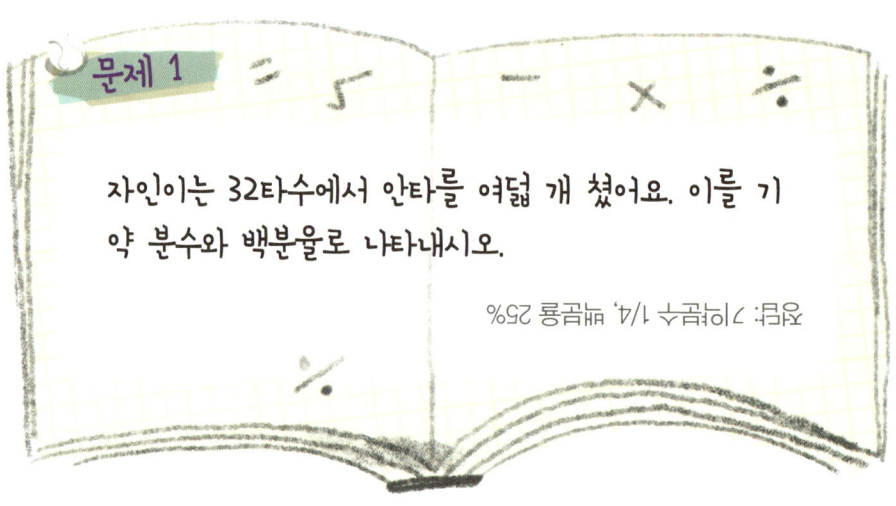

문제 1

자인이는 32타수에서 안타를 여덟 개 쳤어요. 이를 기약 분수와 백분율로 나타내시오.

정답: 기약분수 1/4, 백분율 25%

이건 아주 간단하다. 백분율은 소수나 분수에 100을 곱해 주고, %라는 단위를 붙여 주면 끝나. 8/32를 약분하면 1/4이 되고, 기약 분수 1/4을 소수로 나타내면 0.25. 그래서 백분율은 0.25×100=25%.

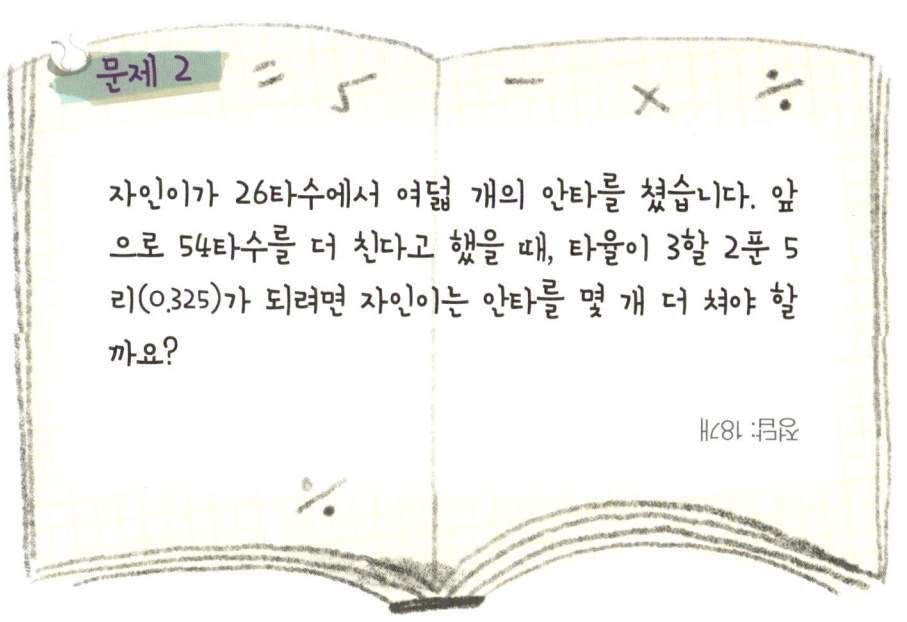

문제 2

자인이가 26타수에서 여덟 개의 안타를 쳤습니다. 앞으로 54타수를 더 친다고 했을 때, 타율이 3할 2푼 5리(0.325)가 되려면 자인이는 안타를 몇 개 더 쳐야 할까요?

정답: 18개

결과적으로 봤을 때 자인이는 80타수(26타수+54타수)에서 타율 0.325를 기록하는 것이다.

즉, 총 안타 수는 80×0.325=26개가 된다.
그런데 앞에 26타수에서 8개의 안타를 이미 쳤다.
그래서 26개에서 8개를 빼면, 18개의 안타를 추가로 치면 된다.
답은 그래서 18개다.

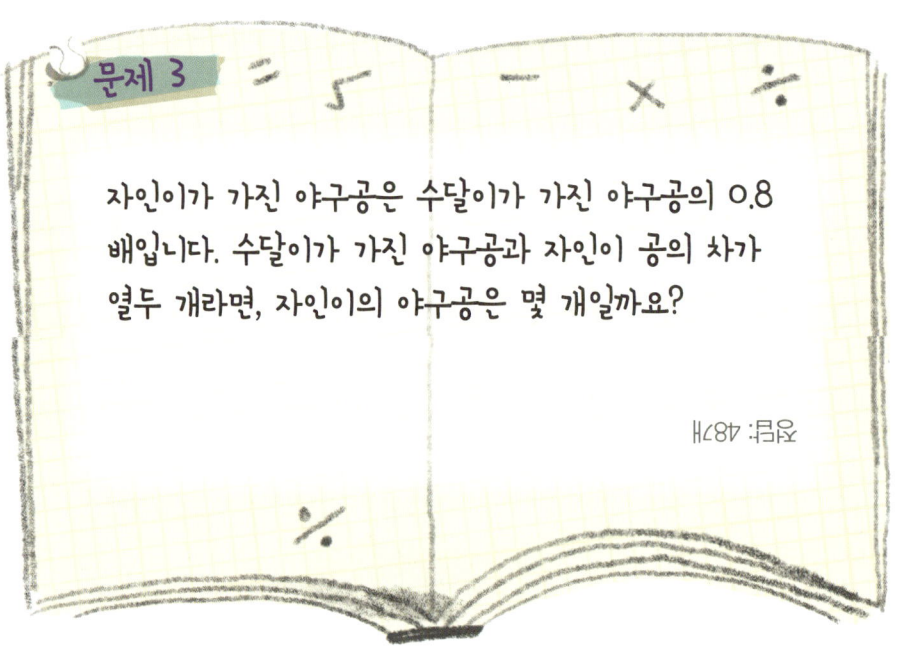

문제 3

자인이가 가진 야구공은 수달이가 가진 야구공의 0.8배입니다. 수달이가 가진 야구공과 자인이 공의 차가 열두 개라면, 자인이의 야구공은 몇 개일까요?

정답: 48개

"비율이 0.8이라…. 음, 내가 가진 공이 A개라면 자인이는 0.8A라는 말이네. 그리고 내 야구공(A개)에서 자인이 야구공(0.8A개)을 빼면 12개라는 거지.
A−0.8A=12 → 0.2A=12 → A=60.
A가 60이라는 건 내가 가진 공이 60개라는 말이 되는 거야. 그럼 자인이는 이보다 12개가 적으니까, 60−12=48. 자인이 공은 48개다. 그럼 나와 자인이의 비율을 따져서 정확히 풀었나 확인해 볼까? 48/60. 분자와 분모를 나란히 6으로 나눠주면 8/10. 0.8이 맞네!

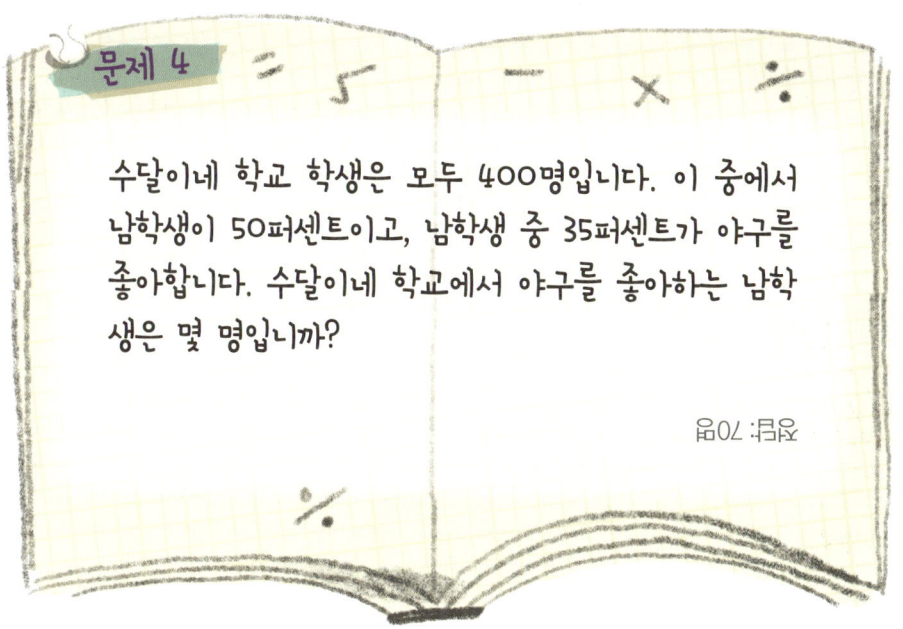

문제 4

수달이네 학교 학생은 모두 400명입니다. 이 중에서 남학생이 50퍼센트이고, 남학생 중 35퍼센트가 야구를 좋아합니다. 수달이네 학교에서 야구를 좋아하는 남학생은 몇 명입니까?

정답: 70명

"학생 400명 중 남자가 50%면 400×50/100=200. 이 중 35%가 야구를 좋아한다고 했으니 200×35/100=70."

'비율의 달인'이 된 수달이의 성적은 또 한 단계 뛰어 올랐어요. 다음 시험에서는 기어이 80점을 받았어요.

수달이가 시험 성적을 받아 온 날 집에서는 조촐한 파티가 열렸어요.

"수학 대장 수달이를 위하여!"

엄마가 건배를 제의했어요. 엄마의 입이 귀에 걸릴 정도였어요.

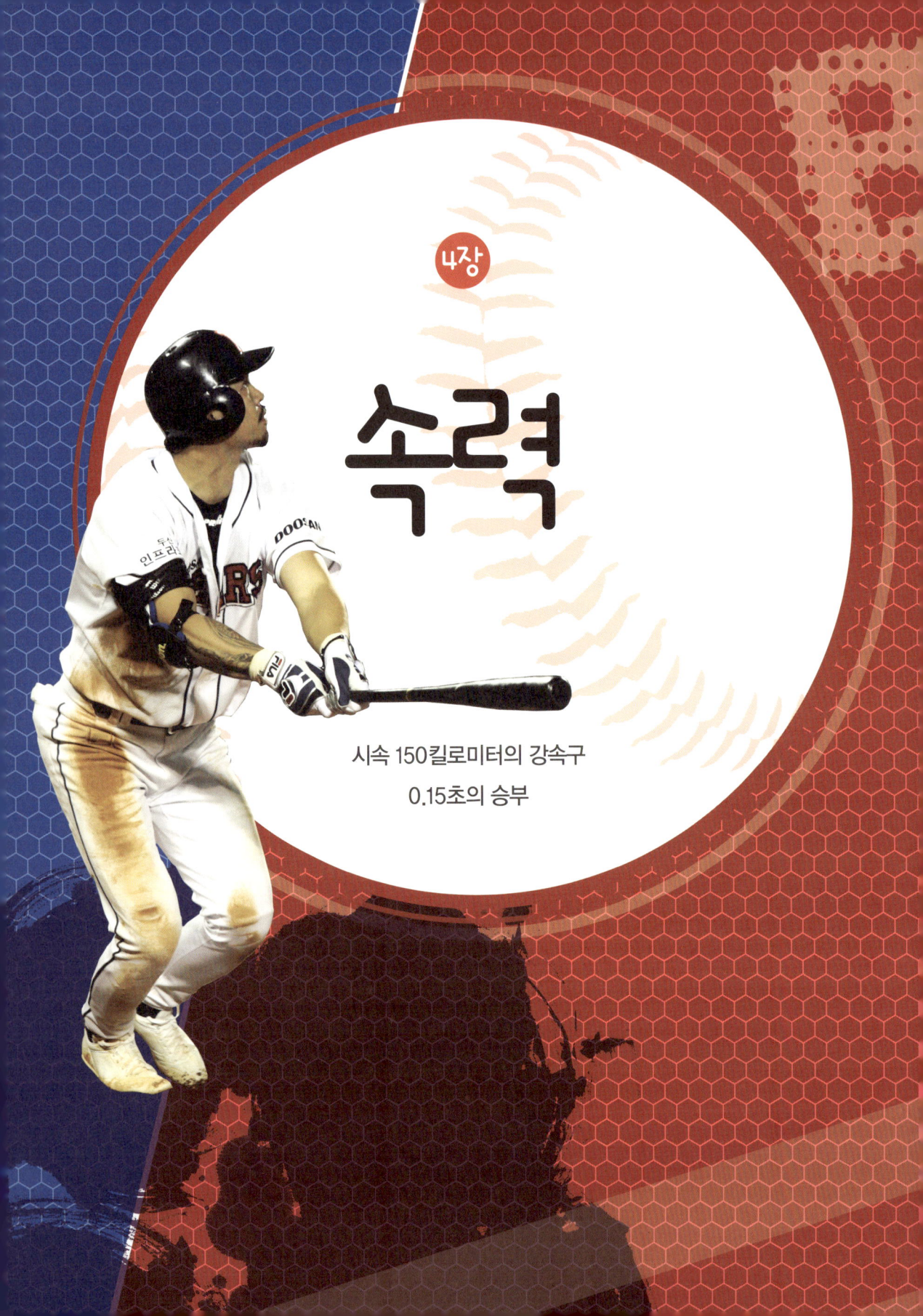

찰나의 승부, '속력'의 향연

　야구는 느릿느릿 진행되는 종목같지만, 진짜 승부는 모두 '찰나'에 이뤄져요. 투수가 던지는 공은 시속 150킬로미터로 날아가고, 타자는 0.15초만에 벼락치기 스윙을 하죠.
　그래서 속력을 알아야 야구를 더 잘 이해할 수 있어요. 속력은 이동한 거리를 시간으로 나누면 쉽게 알 수 있어요.

속력 = 거리 / 시간

　참 간단한 공식이죠? 그럼 강속구의 세계로 한번 들어가 볼까요?

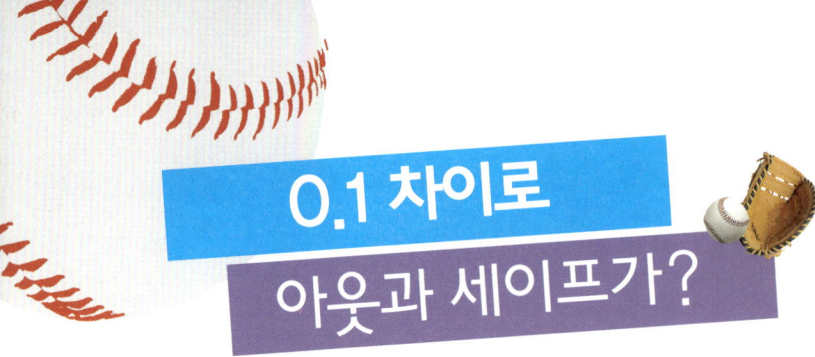

0.1 차이로 아웃과 세이프가?

"뛰어!"

2주 뒤 찾은 경기장은 요란했어요. 관중들이 발 빠른 주자만 나가면 고함을 질러 댔거든요. 그 주자가 베이스에서 서너 걸음 떨어져 2루로 뛸 준비를 했으니까요. <small>야구에서는 '리드'라고 합니다</small>

그러자 투수가 예민해졌어요. 주자가 리드하는 걸 막기 위해 수시로 견제구를 던졌어요. 주자는 1루에 슬라이딩해 간신히 살았어요. 그래도 또 뛸 준비를 했어요. 투수는 경계를 늦추지 않으면서, 타자를 향해 공을 던졌어요. 엄청나게 빠른 공이었어요. 다음 공도 직구였어요. 변화구는 거의 던지지 않았어요.

"주자의 2루 도루를 막기 위해 그런 거란다. 직구는 0.4초 만에 포수 글러브에 도착하는데, 느린 변화구는 0.5초 정도 걸리지. 그 0.1초 차이에 아웃과 세이프가 결정되니까, 투수가 거의 직구로 승부하는 거지."

"0.1초 차이로 아웃과 세이프가 달라진다고요?"

"응. 아마 전 세계에서 가장 빠른 우사인 볼트가 도루를 해도 도루 방법을 모르면 100퍼센트 아웃될 걸."

"설마요. 볼트가 얼마나 빠른데요."

우사인 볼트도 울고가는 도루

도루를 한자로 쓰면 盜壘, 즉 베이스를 훔치는 겁니다. 영어로는 'Steal Base'라고 하는데, 역시 베이스를 훔친다는 뜻입니다. 주로 투수가 포수에게 공을 던지는 순간 다음 베이스를 향해 달려요. 두 명의 주자가 동시에 뛰기도 해요. 도루는 아웃과 세이프가 정말 짧은 시간에 결정돼요. 그만큼 위험하고도 짜릿한 작전이랍니다.

투수가 투구 폼을 하고 공을 던질 때까지 걸리는 시간은 0.9초. 빠른 공이 18.44미터 떨어진 포수 미트까지 날아가는 시간이 평균 0.4초. 포수가 공을 받은 뒤 던지기까지 1초. 공이 38.79미터 떨어진 2루까지 날아가는 데 1초. 결국 3.3~3.4초가 걸려요.

100미터를 12초에 달리는 주자가 27.4미터 떨어진 2루까지 뛰려면 약 3.3초가 필요해요. 하지만 달리기 전 준비 동작도 필요하니 3.8초 정도의 시간이 필요합니다. 공은 3.3~3.4초 만에 2루에 도착하는데, 주자는 3.8초 정도가 걸린다면 당연히 아웃이겠죠.

그런데 실제로는 도루 성공률이 6할, 즉 60퍼센트가 된다고 해요. 어떻게 된 일일까요? 주자는 투수의 눈치를 살피면서 2루 쪽으로 슬금슬금 자리를 옮겨요. 이걸 리드라고 하는데, 1루 베이스에서 3~4미터 정도 떨어지는 거죠. 그러면 시간을 0.4~0.5초 정도 단축할 수 있어요.

그럼 1년 동안 선수들은 몇 개의 도루를 할 수 있을까요? 국내 프로 야구 도루 최고 기록은 84개랍니다. 1994년 해태현 KIA 이종범 선수가 기록했어요. 바람처럼 달려가 도루를 해서 '바람의 아들'이라고 불렸어요.

투수의 강속구

"정말 신기하네요."

"도루는 1루타 하나를 공짜로 얻는 것과 같아. 그래서 투수와 포수는 어떻게든 도루를 막으려고 애를 쓰지."

"그래서 강속구를 많이 던지는군요. 0.1초를 줄이려고."

그때였어요.

'퍼~억!' 하는 소리에 관중들이 "와~" 하며 막대 풍선을 요란하게 두들겼어요.

"어? 저건 뭐죠?"

수달이가 전광판을 보는 순간 '150km/h'라는 게 표시됐어요.

"저건 투수가 던진 공의 속력을 말해."

"속력이요? 빠르기를 말하는 거죠? 150km/h는 얼마나 빠른 건데요?"

"뒤에 있는 h는 시간hour을 말해. 즉, 한 시간에 150킬로미터를 간다는 거지. 아빠 자동차가 고속 도로에서 한 시간에 100킬로미터 정도로 달리거든. 그보다 훨씬 빠른 거지."

가장 빠른 강속구는?

한국 야구 선수중 가장 빠른 공을 던진 선수는 KIA 한기주입니다. 2007년과 2009년 두 번이나 시속 159킬로미터를 기록했어요. 그다음으로 엄정욱 선수인데, 158킬로미터입니다. 엄정욱 선수는 훈련 때 시속 161킬로미터도 던졌다고 합니다.

메이저 리그에서는 아롤디스 차프먼 선수가 시속 170킬로미터의 광속구를 뿌렸어요. 하지만 기네스북에 올라 있는 최고 속력은 시속 100.9마일(162.4km/h)입니다. 놀런 라이언이 1974년 기록했어요. 놀런 라이언은 박찬호 선수의 우상이었어요. 박찬호 선수도 시속 100마일(161km/h)까지 기록했고요. 일본 투수 중에서는 오타니 쇼헤이 선수가 2014년 기록한 시속 162킬로미터가 최고 기록입니다.

시속 100마일 이상 던진 ML 주요 투수들(스피드 건 사용 이후)

시속 106마일 (170.6km/h)	시속 104마일 (167.4km/h)	시속 102마일 (164.1km/h)	시속 100.9마일 (162.4km/h)	시속 100마일 (160.9km/h)
2011 아롤디스 차프먼 (신시내티 레즈)	2007 조엘 주마야 (디트로이트 타이거즈)	2004. 7. 10. 랜디 존슨 (애리조나 다이아몬드백스)	1974. 8. 21. 놀런 라이언 (캘리포니아 에인절스)	1996. 5. 29. 박찬호 (LA 다저스)

▶ ML 전광판 표시 기준 현존 최고 기록

▶ 기네스북 등재 투수 강속구 부문 최고 기록

그렇다면 강속구는 도대체 얼마나 빠른 공일까요? 먼저 속력을 구해 볼까요. '속력=거리/시간'입니다. 시속 150킬로미터의 공을 알아볼까요? 시속 150킬로미터는 '150킬로미터/1시간'이니까, 한 시간에 150킬로미터를 가는 속력입니다.

그럼 이 속력이라면 1분에 몇 킬로미터를 날아갈까요? 한 시간은 60분이죠? 150킬로미터/60분=2.5 즉, 1분에 2.5킬로미터를 날아가는 속력입니다. 다시 한 번, 1초 동안 얼마를 갈까요? 한 시간은 60분이고, 1분은 60초죠? 그럼, 150킬로미터/3,600(60분×60초)=약 0.0417킬로미터입니다. 1킬로미터는 1,000미터죠? 그러니까 0.0417×1000=41.7. 즉, 1초에 41.7미터를 날아가네요.

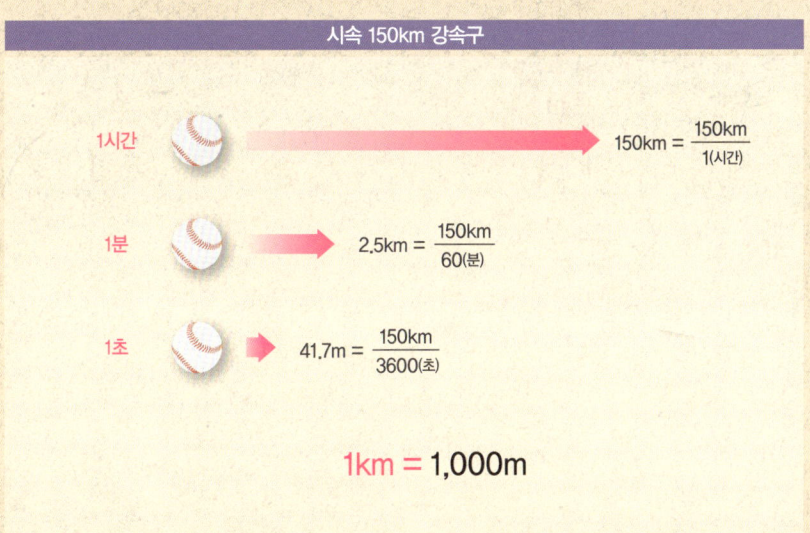

107

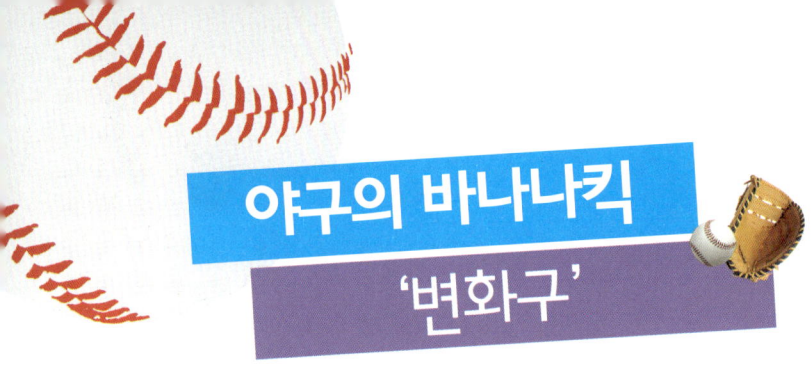

야구의 바나나킥 '변화구'

"와~ 정말 대단하네요. 시속 150킬로미터의 공이 1초에 무려 41.7 미터를 날아간다고요. 아참! 그래서 투수가 던진 공이 포수까지 가는 데 약 0.4초밖에 안 걸리는 거네요."

"그렇게 공이 빠르니, 타자들이 타율 3할을 기록하기 힘든 거야."

"눈으로 보기도 힘들겠네요. 눈 감고 치는 것과 눈 뜨고 치는 것과 별 차이가 없을 것 같아요."

"예전에 어떤 타자가 그랬다고 하더라. 강속구가 워낙 빨라서 '에라, 모르겠다' 하고 눈 감고 휘둘렀는데 그게 만루 홈런이 됐다고."

"정말요? 허풍 같지만, 그 심정은 이해돼요."

"어디 강속구뿐이겠냐. 투수들은 막 변하면서 날아가는 변화구까지 던져. 그래서 타자가 치기 더 어려운 거야."

"변화구라면 축구의 바나나킥 같은 건가요?"

"그렇지. 반듯하게 날아가다가 뚝 떨어지는 공들 말이지. 그러니까 타자들이 7할을 실패하고, 3할만 성공해도 박수를 받는 거지. 30점 받고도 칭찬받는 건 야구가 유일해.

투수가 던지는 공은 다 비슷한 것 같지만, 열 가지가 넘을 정도로 다양하단다."

"그렇게나 많아요?"

"그중에서 가장 위력적인 공은 강속구야. 워낙 빨라서 쉽게 치지 못하지. 보통 빠른 직구는 시속 150킬로미터정도 되지만, 미국의 어떤 투수는 시속 170킬로미터까지 던져."

"그럼 변화구는 어떤 게 있는데요?"

"커브, 슬라이더, 체인지업 등이 대표적이야."

야구 구종

커브
Curveball

폭포처럼
뚝 떨어진다

위에서 아래로 뚝 떨어져요. 마치 폭포 같아요. 속력은 직구보다 30~40킬로미터 정도 느리지만 많이 휘기 때문에 타자들이 쉽게 치지 못해요.

슬라이더
Slider

치려는 순간
바깥쪽으로 달아난다

위에서 아래로 떨어지면서 옆으로도 휘어나가는 공이 랍니다. 커브보다 빠르면서 상하좌우로 휘기 때문에 타자들이 속는 경우가 많아요.

체인지업
Change-up

직구처럼 오다가 타자 앞에서 휜다

직구처럼 날아가는데 직구보다 느리고, 타자 쪽으로 휘어요. 보통 슬라이더와 휘는 방향이 달라요.

직구
Fastball

곧게 날아 오며 엄청 빠르다

곧고 빠르게 날아오는 공이에요. 느린 경우 홈런을 맞을 수도 있지만 빠르면 타자들이 손도 대지 못해요.

108개 실밥의 비밀

"강속구와 변화구를 자유자재로 던지려면 투수들은 훈련을 많이 해야 하겠네요."

"그렇지. 강속구는 일단 강한 어깨를 타고 나야 가능하고. 변화구는 혹독한 훈련을 해야 한단다. 변화구 한 개를 제대로 익히는 데 보통 2년 정도 걸린대. 2년 동안 공과 씨름을 해야 비로소 원하는 대로 변화구를 던질 수 있지."

"와. 정말 어렵네요."

"하지만 타고난 어깨와 엄청난 훈련보다 더 중요한 게 있어. 아마 이게 없다면 강속구와 변화구는 애초부터 불가능했을 거야."

"그게 뭔데요. 두뇌요?"

"물론 그것도 중요하지만, 진짜 주인공은 바로 야구공이란다."

"야구공이요?"

"정확히 말하면 야구공에 있는 108개 실밥인데. 그 안에 과학이 숨겨져 있지."

대포의 원리가 야구공의 원리?

"야구공의 실밥을 이용해 회전을 줄 때 생기는 마그누스 효과는 1852년 독일의 물리학자 마그누스 박사가 대포 포탄이 날아가는 걸 연구하면서 발견했단다."

"물리학자가 대포를 연구해요?"

"대포가 아니라 포탄이 날아가는 걸 분석한 거지. 대포를 쐈는데 포탄이 엉뚱한 곳에 떨어지면 어떻게 되겠니?"

"아하! 대형 사고가 나겠네요. 정말 원하는 곳에 정확히 대포를 쏘는 것과 원하는 곳에 정확히 공을 던지는 것은 어떻게 보면 같은 거네요."

"그렇지. 그래서 스포츠에는 각종 과학 이론이 적용된단다."

"그렇지. 그런 점에서 류현진 선수는 마그누스 효과를 잘 알고 있는지도 모르지."

"변화구를 원하는 곳에 정확히 던진다는 뜻인가요?"

"응. 직구와 세 가지 변화구를 완벽하게 던지지. 그래서 괴물인지도 몰라."

야구공의 비밀, 마그누스 효과

야구공은 코르크와 실, 그리고 8자 모양의 쇠가죽 두 개를 108개의 실밥으로 꿰매서 만든다고 했죠?

그런데 이 108개의 실밥에 강속구와 변화구의 핵심 비밀이 있어요. 야구공이 날아갈 때는 회전을 하게 돼요. 이 회전은 실밥이 있어야 가능해요. 투수가 실밥을 손가락에 쥐고 던져야 공에 회전을 줄 수 있기 때문이죠.

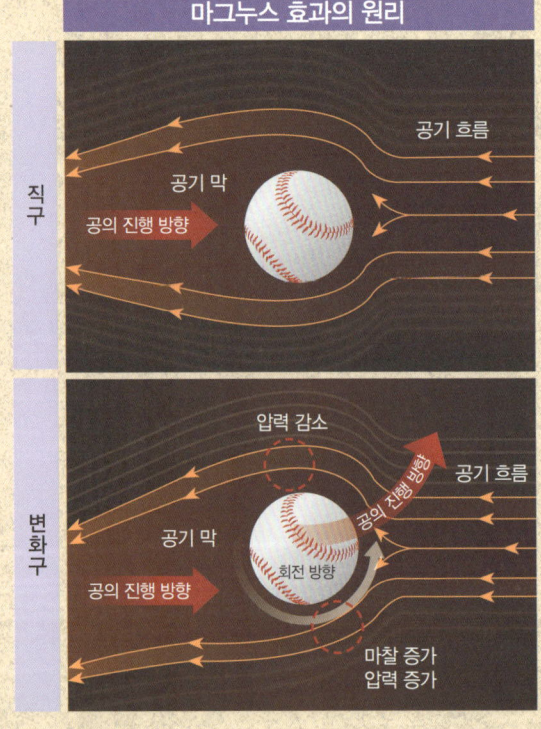

마그누스 효과의 원리

공이 날아가면 공의 앞뒤에 압력 차가 생겨요. 앞쪽 압력은 커지고, 뒤쪽 압력은 작아져요. 이런 압력 차에 의해서 공 주변에 얇은 공기 막이 형성되는데, 공기 막은 공이 빠르게 날아가는 걸 방해해요. 그런데 실밥이 회전하면서 공기 막을 깨뜨려요. 그럼 공의 측면과 뒷면의 공기 저항이 줄면서 공은 오히려 더 빨리 날아갈 수 있어요.

변화구도 마찬가지입니다. 공이 회전하는 쪽은 공기 흐름이 빨라져서 압력이 감소하고, 반대쪽은 압력이 증가해요. 그래서 공은 압력이 높은 쪽에서 낮은 쪽으로 휘어지게 됩니다. 즉, 회전 방향으로 공이 휘게 돼요. 이걸 '마그누스 효과'라고 불러요.

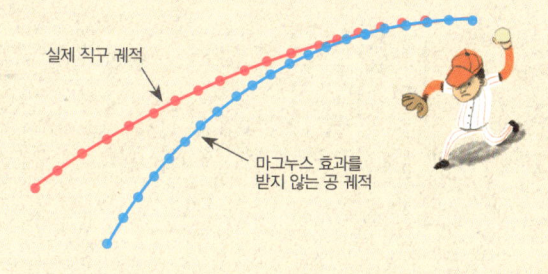

실밥이 없다면 어떻게 될까요? 투수가 아무리 힘껏 던져도 속도는 시속 130킬로미터를 넘지 못해요. 또 타자 앞에서 뚝 떨어지는 변화구도 불가능하고요. 타자가 홈런이 될 법한 타구를 쳐도 외야수 플라이에 그칠 수밖에 없어요.

이 원리는 골프공에도 적용돼 있어요. 골프공을 보면 작은 구멍들이 많이 있죠. 이것을 딤플이라고 하는데, 이 딤플 덕에 골프 공은 200~300미터도 쉽게 날아갈 수 있답니다.

'괴물' 류현진

　류현진은 세계 최고의 무대라는 미국 메이저 리그에서도 알아주는 투수입니다. LA 다저스 투수인 류현진은 우리나라 프로 야구 팀 한화에서 뛰다가 2013년에 미국에 진출했어요. LA 다저스가 류현진 선수를 데려가기 위해 무려 6,174만 달러6년 계약를 지불했어요. 1달러에 1,000원이라고 하면, 우리 돈으로 하면 617억 원을 넘게 쓴 거죠.

　류현진 선수는 2013년 첫해 14승, 그리고 2014년에도 14승을 기록하며 실력을 입증했어요. 한국에서 별명이 '괴물'이었는데, 미국에서도 '몬스터Monster-괴물'라고 불러요.

　류현진 선수는 2006년부터 2012년까지 국내 프로 야구에서 뛰었는데요. 삼진을 아주 많이 잡았어요. 특히 고등학교를 막 졸업한 신인 투수였던 2006년에 무려 204개의 삼진을 기록했고, 미국 진출 직전인 2012년에는 210개나 기록했어요. 국내 무대 7년간 무려 다섯 번이나 삼진왕Dr. K-닥터 케이의 영광을 차지했어요.

　삼진의 비결은 여러 가지 있지만, 그중 강속구의 위력이 뛰어나요. 류현진 선수가 메이저 리그에서 던진 공의 최고 속도는 시속 96마일Mile이죠. 1마일에 1.61킬로미터니까, 96×1.61=154.56킬로미터입니다. 여기에 체인지업, 슬라이더, 커브까지 모두 명품입니다.

　투수가 던진 공은 회전이 많을수록 좋은데, 류현진 선수의 직구는 1분에 2,700번 넘게 회전한대요. 1초에 마흔다섯 번이나 회전하는 거네요. LA 다저스가 류현진 선수를 영입할 때 이 회전수를 아주 중요하게 봤대요.

류현진의 주 무기 – OK볼

류현진 선수가 던지는 'OK볼'은 대표적인 체인지업인데, 손가락으로 'OK'를 외치는 모양으로 공을 쥔다고 해서 그렇게 불러요.

OK볼

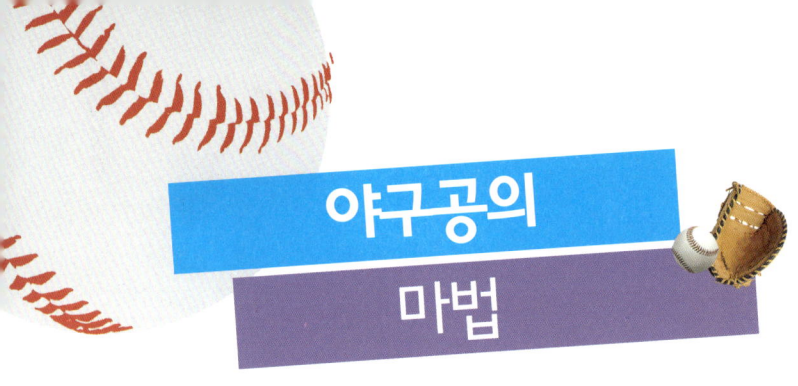

야구공의 마법

"정말 갈수록 신기해요. 공부에도 도움이 많이 되고요. 다른 건 몰라도 이제는 속력은 정확히 알겠어요."

"오~, 오늘도 수학 공부에 수확이 있었네. 속력 계산이 잘 안 되면, 야구공을 떠올려 봐라."

수달이와 아빠는 오늘은 의기양양하게 집에 들어갔어요. 엄마는 미심쩍은 듯한 표정이었지만, 수달이는 자신 있었어요. 곧장 방에 들어가 수학 문제집을 펴서 전에 어려워서 못 푼 속력 문제를 찾았어요.

"이렇게 어려운 문제가 술술 풀리다니. 야구공의 마법이야."

속력, 시간, 거리에 관한 더 어려운 문제를 풀어 봤어요. 개념을 이해하니, 의외로 어려운 문제도 풀 수 있었어요.

수달이는 다음 시험 때 85점을 받았어요. 속력 문제였는데, 조금 복잡한 건 사실이었지만 하나하나 풀다 보니 정답을 찾을 수 있었어요.

엄마가 달라졌어요.

"수달아, 다음에 야구장 갈 땐 엄마가 김밥 싸줄게!"

엄마의 입이 귀에 걸릴 정도였어요.

"엄마. 용돈 5,000원도 부탁해요~."

"알았어. 1만 원을 줄 테니, 나중에 자인이도 데려가서 맛있는 걸 사주렴."

"좋아요. 제가 덤으로 자인이 수학 공부도 시킬게요."

엄마는 수달이의 머리를 쓰다듬어 줬어요.

"우리 아들, 이렇게 예쁜데……."

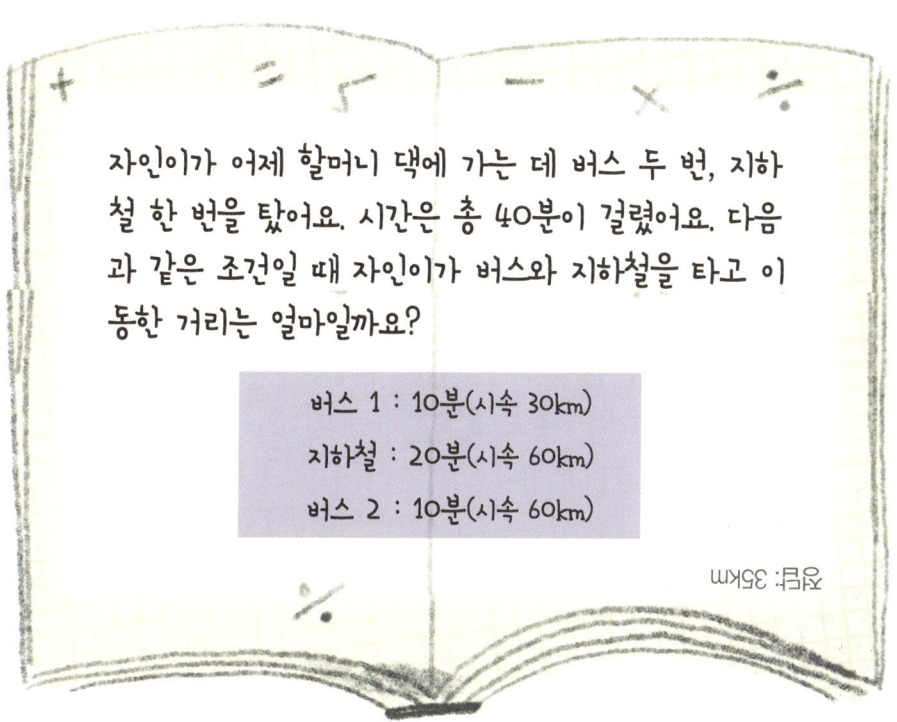

자인이가 어제 할머니 댁에 가는 데 버스 두 번, 지하철 한 번을 탔어요. 시간은 총 40분이 걸렸어요. 다음과 같은 조건일 때 자인이가 버스와 지하철을 타고 이동한 거리는 얼마일까요?

버스 1 : 10분(시속 30km)
지하철 : 20분(시속 60km)
버스 2 : 10분(시속 60km)

정답: 35km

버스1의 시속이 30km라는 건, 1시간에 30km를 간다는 겁니다. 1시간은 60분과 같죠? 그래서 30을 60으로 나눠주면(30/60) 1분 동안 간 거리가 나옵니다. 1/2 즉, 0.5가 되네요. 즉, 버스1은 1분에 0.5km를 가는데, 10분을 달렸으니 총 5km를 이동하겠죠? 지하철은 60/60=1. 즉 1분에 1km, 20분을 탔으니까 20km를 갑니다. 버스2는 60/60=1. 역시 1분에 1km이고, 10분을 탔으니 총 10km를 갑니다. 그래서 5km+20km+10km=35km입니다.

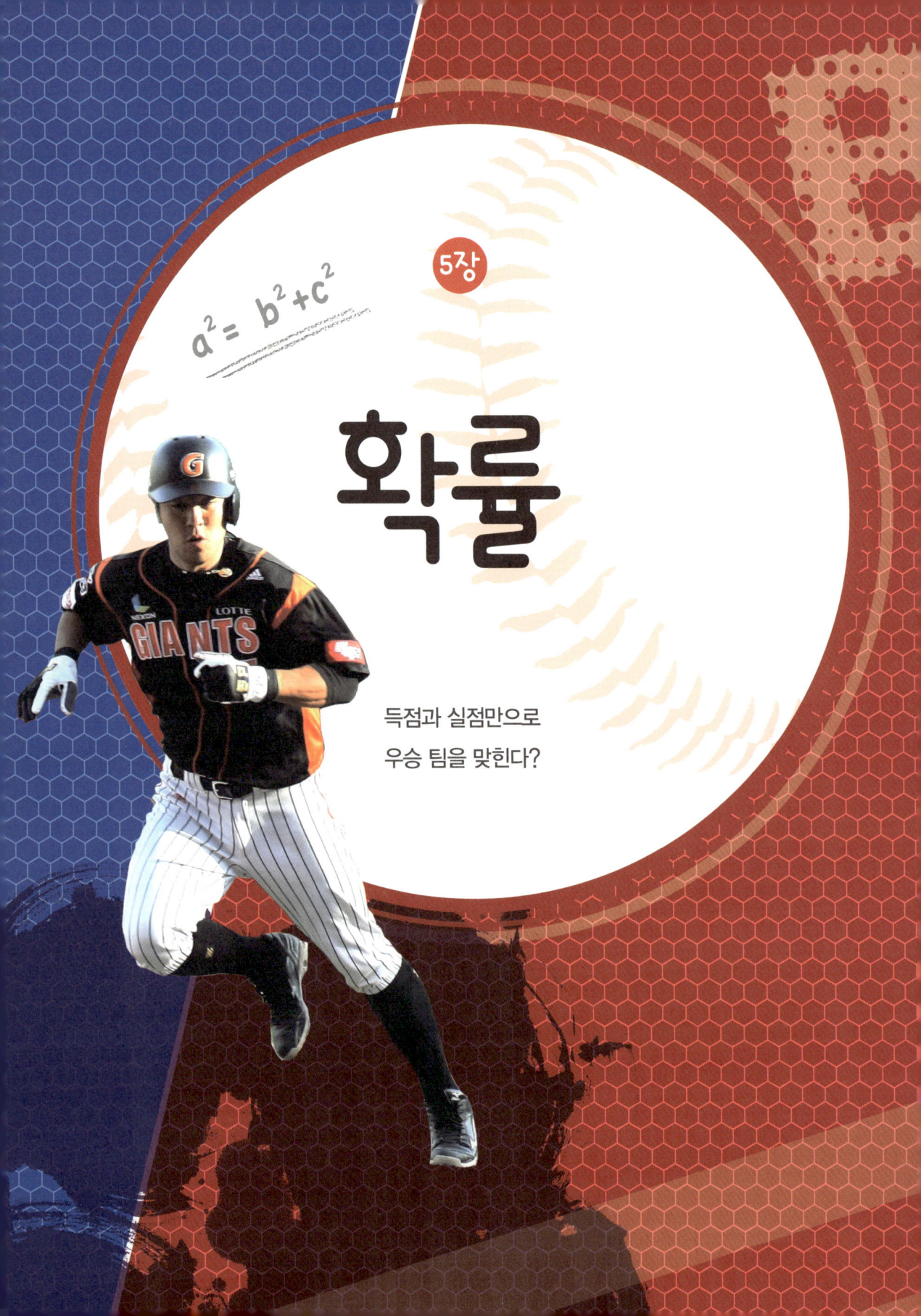

5장 확률

$a^2 = b^2 + c^2$

득점과 실점만으로
우승 팀을 맞힌다?

야구의 예언가 '확률'

　야구는 엄청나게 많은 숫자로 이뤄진 종목이죠. 그래서인지 경우의 수도 많이 따져야 해요. 감독이 아홉 명의 타자를 놓고 타순을 짜는 방법만 36만 가지가 넘어요. 감독은 그중 하나를 선택하는 거죠.

　머리가 아프겠지만, 숫자를 잘 조합하면 엄청난 예언 능력도 갖게 돼요. 득점과 실점만으로도 우승팀도 쉽게 전망할 수 있어요.

　확률의 맛에 한번 빠지면, 헤어날 수 없어요. 직접 한번 맛을 볼까요?

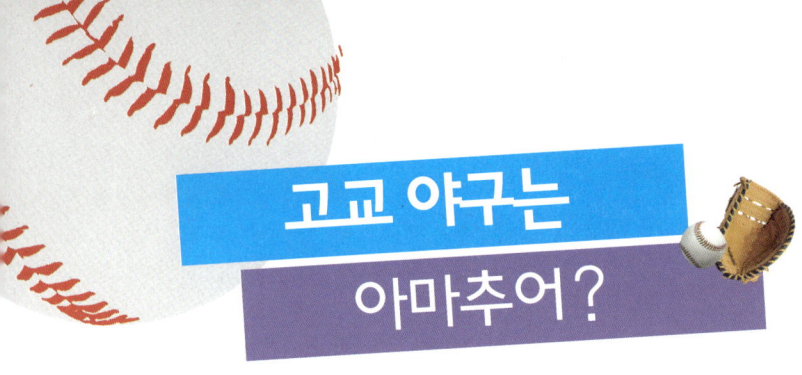

고교 야구는 아마추어?

아빠는 좀처럼 시간을 내지 못했어요. 회사에 새로운 프로젝트가 생겨서 눈코 뜰 새 없다고 하셨어요. 밤 늦게 퇴근해서, 아침 일찍 출근하셨어요. 수달이는 TV 중계로 야구를 봤어요. 가끔은 엄마도 함께했어요. 수달이가 엄마에게 야구에 대해 설명할 때면 엄마는 놀라곤 했어요. "요즘 문화 센터에 야구 강좌도 있다던데, 엄마도 제대로 한번 배워야겠다. 그래야 우리 수달이랑 대화를 할 수 있지. 사춘기 오기 전에 친해져야지. 그치?"

"맞아. 엄마 나도 알려 줘요. 왜 자꾸 오빠랑만 놀려고 해요?"

"당연히 우리 자인이도 같이 알려 주지."

엄마는 자인이를 껴안으며 볼에 뽀뽀를 했어요. 수달이는 그 모습이 징그러웠지만, 살짝 부럽기도 했어요.

한 달 뒤, 드디어 바쁜 프로젝트에서 해방된 아빠가 신나서 집에 돌아오셨어요.

"드디어 올라왔구나. 이번에는 우승이다."

아빠의 손에는 작은 책자가 들려 있었어요. 고교 야구 대회 안내 책자였어요.

"아빠가 야구 명문인 우수고교를 나왔다고 했지. 아빠가 고등학교 3학년 때 우승하고 한 번도 우승을 못했거든. 이번에 드디어 20년 만에 우승에 도전하게 됐다."

결승전은 주말이었는데, 엄마와 자인이는 학교 행사 때문에 야구장에 갈

수 없게 됐어요.

"오빠, 다음에는 꼭 같이 가자."

수달이는 아빠와 함께 프로 야구장이 아닌 아마추어 야구장을 찾았어요. 프로 야구와는 분위기가 사뭇 달랐어요. 우수고교 동문 선배들이 관중석을 꽉 채웠는데, 옛날 방식으로 교가를 부르면서 응원했어요.

"빛나는 배달의 후손~♪"

나이 많은 선배들의 응원에 고등학생 형들은 정말 열심히 뛰었어요.

"야구공이 아니라 돌멩이를 던지는 것 같구나. 오승환 선수와 비슷해."

"오승환?"

"응. 혹시 '돌 직구'라는 말 아니?"

"잘 알죠. 요즘 툭하면 돌 직구 던진다고 하잖아요."

"그 말의 원조가 바로 오승환 선수야. 강속구가 어찌나 강하게 날아가는지, 타자들이 꼼짝을 못하거든."

"다른 변화구도 아니고 강속구만 던져도 못 쳐요?"

"변화구도 던지지만, 강속구 하나만으로도 충분하지. 그래서 방어율이 엄청나."

"방어율이요? 그건 무슨 비율인가요?"

"비율은 아니고, 투수가 9이닝 동안 평균 몇 점을 내줬나 보는 거야. 타자에게 타율이 중요하듯, 방어율은 투수에게 생명과 같지."

'돌 직구' 오승환

방어율은 투수가 9이닝을 던졌다고 가정할 때 내준 자책점을 말해요. 그래서 '평균 자책점'이라고도 불러요.

그럼 자책점은 뭐냐고요? '스스로自, 자 책임責, 책지는' 점수를 말해요. 수비가 실책해서 나온 점수는 빼 주는 겁니다. 투수가 한 경기에 3점을 내줬지만, 1점은 수비 실책 때문에 허용한 거라면 자책점은 2점이 돼요.

계산은 간단해요. '9이닝에 자책점이 몇 점인가'를 알게 하면 되죠. 한 이닝에 몇 점자책점을 허용했는지 계산하고, 거기에 곱하기 9이닝를 하면 돼요.

> 오승환 선수의 기록을 통해서 방어율을 한번 구해 볼까요?
>
> 66과 2/3이닝
> 18실점(13자책점)
>
> 정답: 방어율 1.76

오승환 선수는 66과 2/3이닝을 던져서 자책점 13점을 기록했네요. 이런! 어렵게 하려고 대분수가 나오네요. 그래도 어렵지 않아요.

66과 2/3는 66.666666······으로 바꿀 수 있죠?
한 이닝 자책점= 13/66.66666······=0.195
9이닝 자책점= 9×0.195=1.755

반올림은 소수점 아래 셋째 자리에서 반올림해서 둘째 자리까지 표현해요. 그러니 1.76이 되는 겁니다. 오승환 선수가 한 경기에 나와서 9이닝을 던졌을 때 1.76점 내줬다는 뜻입니다. 엄청난 기록이죠?

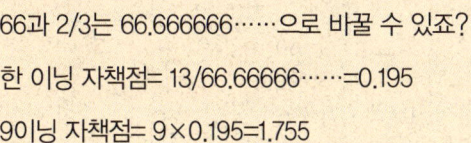

26경기 2승 4패 39세이브

다른 기록도 좀 볼까요? 2승 4패는 알겠어요. 두 번 이기고, 네 번 졌다는 뜻이네요. 그런데 세이브는 뭐죠? 세이브는 마무리 투수의 기록입니다. 마무리 투수는 이기고 있을 때 나와서 주로 마지막 1이닝을 책임져요. 동점이나 역전을 허용하지 않고, 그대로 경기를 이기면 세이브가 기록돼요. 오승환 선수는 2014년에 39세이브를 기록해 센트럴 리그 세이브 1위에 올랐어요. 한국 선수가 일본 무대에서 세이브 1위를 차지한 건 처음입니다.

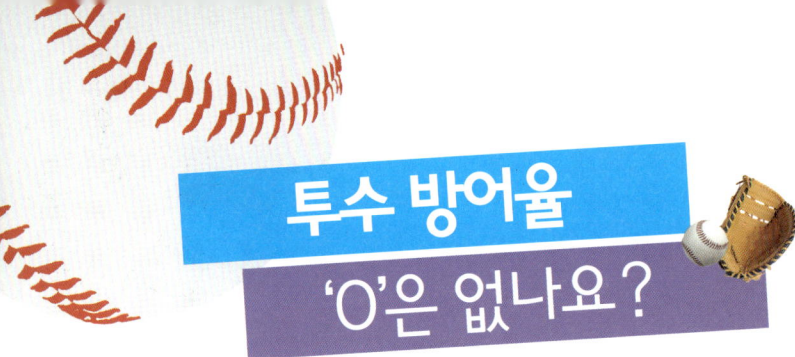

투수 방어율 '0'은 없나요?

"아빠. 궁금한 게 하나 더 있어요. 투수 방어율 '0'은 없나요. 오승환 선수가 조금만 더 노력하면 한 점도 안 줄 수 있겠는데요."

"그렇게 생각할 수는 있는데, 현실적으로 좀 불가능하지. 그런데 한 경기에서는 가끔씩 가능해. 노히트 노런과 퍼펙트게임이 그래서 있는 거야."

"왠지 솔깃한데요. 엄청난 기록일 것 같아요."

"투수들이 꿈꾸는 최고의 기록이지."

'긁히는 날'에 세우는 노히트 노런, 퍼펙트게임

투수가 한 경기 전체를 좌지우지할 때가 있어요. 투수들은 이런 날을 '긁히는 날'이라고 하는데요. 실밥이 손가락에 제대로 긁혀서 원하는 대로 날아갈 때를 말해요.

노히트 노런은 영어로 풀어 보면 쉬워요. 노히트 No hit, 즉 안타가 하나도 없다는 것이고, 노런 No run은 점수도 내주지 않는다는 것이죠. 투수가 한 경기 9이닝 동안 '안타'와 '점수'를 단 한 개도 내주지 않는 경기를 말해요. 볼넷이나 사구 등은 나와도 괜찮아요.

퍼펙트게임 Perfect Game은 말 그대로 완벽한 경기를 말해요. 타자가 9이닝 단 한 번도 1루를 밟지 못할 때 기록돼요. 볼넷이나 사구도 없어야 하고, 실책으로 타자가 1루에 나가서도 안 돼요.

2014년 6월이었어요. 류현진의 LA 다저스 동료인 커쇼가 실책 한 개 때문에 퍼펙트게임을 놓쳤어요. 유격수 헨리 라미레스가 송구 실책으로 타자를 1루에 살려 보냈어요. 결국 커쇼는 퍼펙트게임 대신 노히트 노런으로 만족해야 했어요.

우리나라에서는 노히트 노런이 열한 번이나 나왔어요. 1984년 해태 현 KIA 방수원 선수가 가장 먼저 기록했고요. 가장 최근에 2014년에 NC 외국인 투수 찰리 선수가 기록했어요.

그런데 우리나라에서는 퍼펙트 게임은 아직 한 번도 없어요. 미국 메이저 리그에서는 퍼펙트게임이 스물세 번이나 나왔어요.

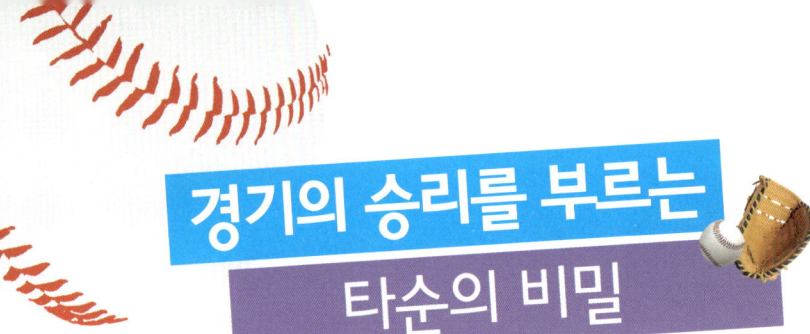

경기의 승리를 부르는 타순의 비밀

　2:2로 팽팽하던 9회 말, 우수고교는 끝내기 홈런으로 3:2 짜릿한 승리를 거두고 우승컵을 들어올렸어요. 우수고교 동문 선후배들도 서로 끌어안으며 엉엉 울었어요. 아빠도 살짝 눈물을 보였어요. 정말 기뻤던 것 같아요.
　"4번 타자가 결국 해냈어. 역시 감독님의 능력은 대단해"
　"홈런은 4번 타자가 쳤는데, 왜 감독이 대단한거죠?"
　"타순 때문이지. 어떻게 타순을 짜느냐에 따라 경기가 달라지거든."
　"그럼 오늘 우수고교가 4번 타자를 잘 선택했다는 건가요?"
　"그렇지."
　"타순에 따라서 경기 결과가 많이 달라져요? 전 그냥 1~9번까지 순서대로만 나오는 줄 알았는데."
　"감독은 그날 경기를 예상하면서 타순을 짜. 그 타순에 따라서 승부가 많이 바뀌지. 그래서 감독들은 타순 짜는 게 가장 힘들단다."
　"고작 아홉 명에 불과한데. 그거 짜는 게 그렇게 힘들겠어요?"
　"그렇지 않단다. 수많은 경우의 수를 따져야 한단다."

'타순의 비밀'

야구 감독은 아홉 명의 타자의 순서를 잘 짜야 점수를 많이 낼 수 있어요. 그런데 말처럼 쉽지 않답니다.

아홉 명의 타자를 1번부터 9번까지 배치하는 방법은 몇 가지나 될까요?

정답: 36만 2,880가지

아홉 명의 타자 중에서 한 명을 뽑아 1번 타자에 넣는 방법은 모두 아홉 가지겠죠? 그럼 나머지 여덟 명의 타자 중에서 한 명을 뽑아 2번 타자에 넣는 방법은 여덟 가지네요. 이렇게 차례로 타순별 경우의 수를 계산해서 곱해 주면 해답을 찾을 수 있어요.

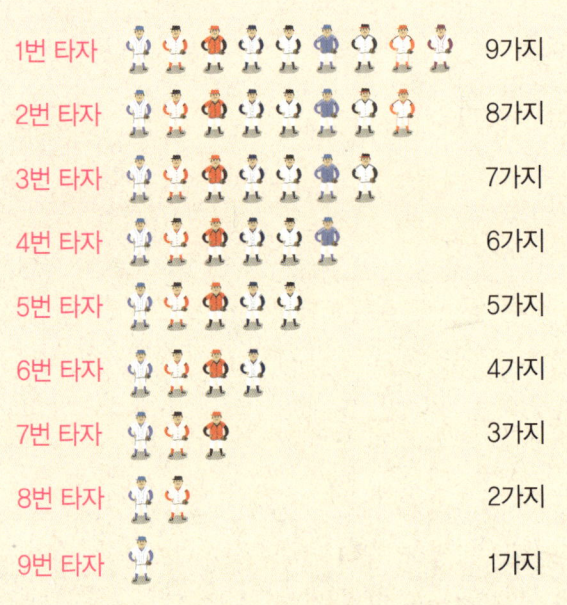

1번 타자		9가지
2번 타자		8가지
3번 타자		7가지
4번 타자		6가지
5번 타자		5가지
6번 타자		4가지
7번 타자		3가지
8번 타자		2가지
9번 타자		1가지

$9 \times 8 \times 7 \times 6 \times 5 \times 4 \times 3 \times 2 \times 1 = 36만 2,880$가지

"너무 복잡해. 감독님 머리는 컴퓨터인가 봐요?"

"실제로는 그렇게 복잡하지 않아. 아홉 명의 타자를 크게 세 가지 종류로 나눠."

"어떻게요?"

"발 빠른 선수, 힘이 센 선수, 수비를 잘하는 선수."

1~2번 상위 타선 테이블 세터-Table setter

1. 2번 타자를 '테이블 세터'라고 해요. 우리말로 '밥상 차리는 선수'인데요. 안타나 볼넷으로 베이스에 나가서 출루해서 점수를 낼 기회를 만드는 역할을 해요. 발도 아주 빨라서 도루도 잘한답니다. 체구도 다람쥐처럼 작은 편이에요.

3~5번. 중심 타선 클린업 트리오-Cleanup trio

1, 2번 타자들이 밥상을 차리면 3~5번 타자들이 안타나 홈런을 쳐서 홈으로 불러 들여요. 클린업 트리오는 대체로 홈런을 잘 치는 선수들입니다. 특히 4번 타자는 그 팀에서 가장 홈런이 많은 선수랍니다. 그래서 들소처럼 거대한 체격을 가졌어요.

테이블 세터와 클린업 트리오의 체구는 차이가 클까요? KIA의 김선빈 선수와 최희섭 선수를 비교해 보면 한눈에 알 수 있어요.

김선빈 키: 165cm, 몸무게: 70kg
최희섭 키: 196cm, 몸무게: 123kg

7~9번 하위 타선 테일 엔드-Tail end

보통 타격보다는 수비가 좋은 선수들입니다. 주로 수비가 중요한 내야수나 포수가 여기에 있어요. 하지만 이런 타자들을 만만하게 봐서는 안 돼요. 큰 코 다치는 경우가 많아요. 그럼 6번은 뭘까요? 6번은 중심 타선과 하위 타선을 연결해 줘요. 6번 타자가 클린업 트리오와 비슷한 실력을 갖췄다면, 그 팀은 분명히 강한 팀이랍니다.

리그, 토너먼트?

"정말 한 경기를 이기는 것도 어렵네요. 그런데 우수고등학교가 우승하기까지 총 몇 경기를 한거죠?"

"이번에 총 서른두 개 팀이 출전했다고 하더라."

"그럼 다른 팀하고 모두 한 경기씩 했다면, 총 서른한 경기나 했다고요?"

"리그 방식이었다면 그랬겠지. 하지만 날마다 야구를 해도 한 달이 걸리는데, 학교 수업을 할 수가 없잖아. 그래서 리그와 토너먼트 방식을 섞어서 해."

"리그와 토너먼트요?"

"이번 대회는 축구 월드컵과 비슷한 방식이더라. 한번 알아볼까?"

리그와 토너먼트

리그는 한 팀이 다른 팀 모두와 한 번씩 경기를 치러 승패에 따라 순위를 정하는 방식입니다. 네 개 팀이 참가했다면, 한 팀이 다른 세 개 팀과 한 번씩 경기를 하는 거죠. 토너먼트는 두 팀이 한 번 겨뤄 패한 팀을 탈락시키고, 이긴 팀끼리 또 경기해서 최종 승자 한 팀이 우승하는 방식입니다. 네 개 팀이 참가했다면 두 번 이기는 팀이 우승을 차지하겠죠.

리그 방식은 경기가 너무 많다는 게 문제입니다. 네 개 팀만 참가해도 총 경기 수는 여섯 경기나 돼요. 네 개 팀을 사각형 모양으로 배치해서 꼭짓점을 선으로 이어 보면 쉽게 알 수 있어요.

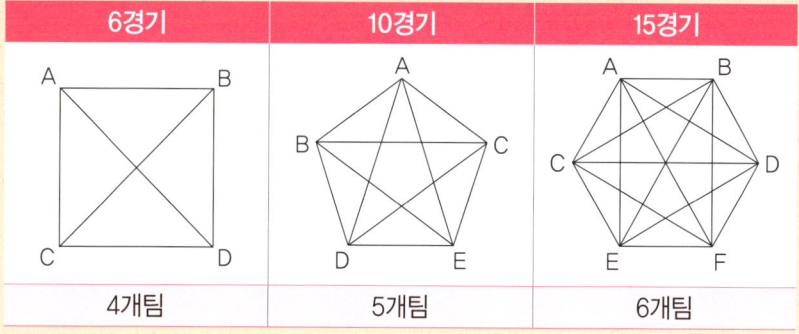

다섯 개 팀이면 오각형 모양, 여섯 개 팀이면 6각형 모양으로 하면 돼요.

토너먼트는 경기수가 적다는 장점이 있지만, 치명적인 단점도 있어요. 만약 첫 경기 때 우승 후보 두 팀이 붙게 된다면, 한 팀은 단 한 경기만에 탈락하게 됩니다. 반면 실력은 별 볼 일 없지만, 운 좋게 쉬운 상대만 만나는 팀은 결승까지도 갈 수 있겠죠.

그래서 요즘에는 진정한 강자를 제대로 가리기 위해 리그와 토너먼트 방식을 섞어서 합니다.

열여섯 개 팀이 참가한 대회를 통해 알아볼까요. 먼저 열여섯 개 팀을 네 개 팀씩 네 개조로 나눠요. 각 조에서 1, 2위만 살아남게 됩니다. 그럼 리그 경기 수는 총 몇 경기일까요? 한 조에서 여섯 경기씩 하고, 총 네 개조로 나뉘어 있죠. 그러니까 6×4=24경기입니다.

리그를 통과한 여덟 개 팀은 이제부터 토너먼트로 우승에 도전합니다. 여덟 개 팀의 토너먼트를 8강전이라고 해요. 두 개 팀이 한 경기를 하니까, 총 네 경기. 다음은 네 개 팀이 맞붙는 4강전. 총 두 경기. 그다음엔 두 개 팀이 마지막 한 경기(결승전)를 하겠죠. 토너먼트로 총 일곱 경기를 하네요. 그러니까 대회 총 경기 수는 24+7=31경기가 되겠네요.

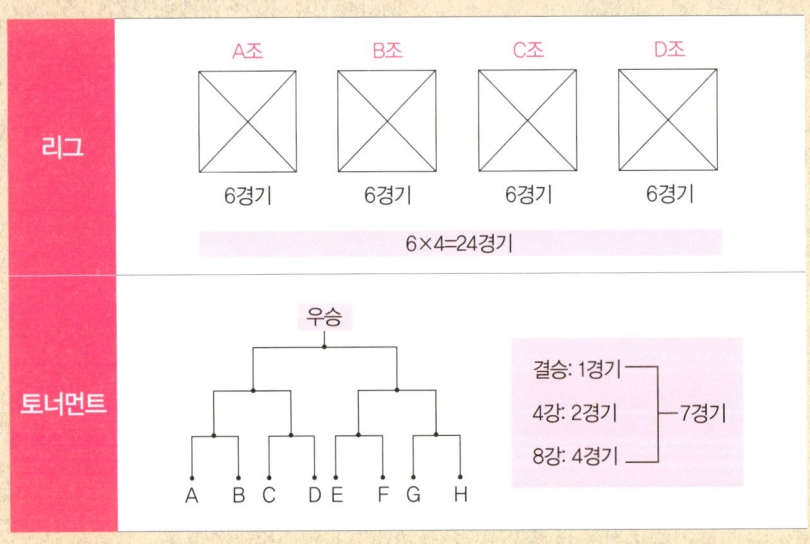

한국 프로 야구는 리그? 토너먼트?

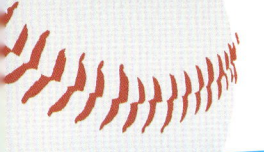

"리그 방식은 도형으로 계산하면 쉬운데, 토너먼트는 일일이 계산하는 게 좀 복잡해요."

"쉽게 생각하면 돼. 토너먼트의 핵심은 '지는 팀이 무조건 탈락'한다는 거야. 한 경기에서 무조건 한 팀은 지게 돼 있지?"

"아~ 뭔가 알 것 같기는 한데……."

"지는 팀의 숫자가 바로 경기 수지. 우승 팀을 빼고는 모두 한 번씩 지게 돼 있잖아?"

"알겠어요. 여덟 개 팀이 토너먼트를 하면 우승 팀을 뺀 나머지 일곱 개 팀은 지게 돼요. 총 일곱 경기네요."

"그렇지. 원리만 잘 알면 직관적으로 풀 수 있지."

수달이는 머리를 끄덕거렸어요.

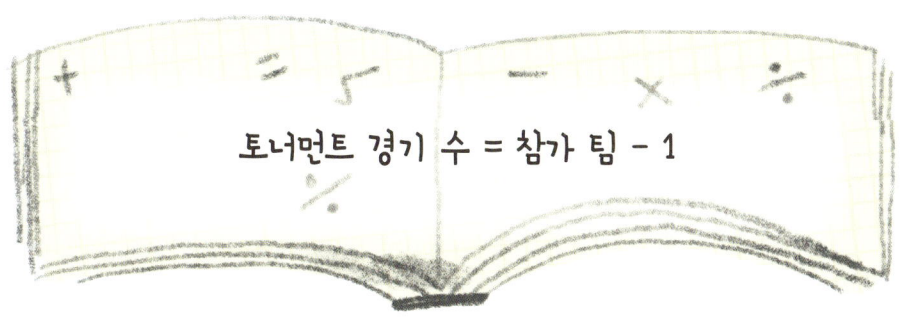

토너먼트 경기 수 = 참가 팀 − 1

"그런데 프로 야구도 토너먼트를 한단다."

"그래요? 탈락한 팀 없이 매일 같이 경기를 하던데, 리그 아닌가요?"

"6~7개월 동안은 리그전을 하고, 그 뒤 한 달 정도 토너먼트를 한단다."

"그럼 리그전은 몇 경기나 하는 거죠?"

"2014년까지는 아홉 개 팀이 리그에 참가했어. 팀당 128경기를 했지. 그럼 프로 야구는 1년에 총 몇 경기를 했을까?"

"아홉 개 팀이 참가하고 한 팀당 128경기니까, 128×9=1,152경기. 그런데 두 팀이 만나서 한 경기를 하니까 ÷2를 해야겠죠? 그래서 1,152÷2=576경기요."

"정답. 이제 수학 박사구나. 그런데 올해부터는 열 개 팀이 참가하고, 팀당 144경기를 해. 그럼 총 몇 경기일까?"

"이번에는 간단히 풀 수 있어요. 144×10÷2=720경기요."

"오호! 놀라운데. 그렇다면 다음 문제. 한 팀이 144경기를 한다고 했잖아. 그럼 A라는 팀은 다른 팀들과 각각 몇 경기씩 할까?"

"조금 생각해 보면 알 수 있을 것 같아요. A라는 팀은 나머지 아홉 개 구단과 경기를 해요. 그 경기 수가 144경기. 그럼 144를 9로 나누면 될 것 같아요. 144÷9=16. 한 팀과 열여섯 번씩 싸워요."

"오~ 하산하도록 하여라. 더 이상 가르칠 게 없다."

"아빠 제가 왜 이럴까요? 어떻게 이렇게 쉽게 풀 수 있죠?"

"그러게 말이다. 하하!"

"그런데요. 아까 프로 야구도 토너먼트를 한다고 했잖아요? 그것도 설명해 주세요."

"맞다. 프로 야구 토너먼트는 '가을 잔치'라고 하고, 영어식으로는 '포스트 시즌'이라고 해. 작년까지는 정규 리그에서 1~4위 팀이 토너먼트로 우승팀을 가렸어. 올해는 팀이 열 개로 늘어나서 다섯 개 팀이 토너먼트를 하게 돼."

야구/포스트 시즌 일정표

한국 시리즈 우승은 KIA가 열 번으로 가장 많아요. 최근에는 삼성이 우승을 많이 차지했어요. 2011~2014년 4년 연속 한국 시리즈 정상에 올랐어요.

그럼 정규 리그 4위 팀도 우승할 수도 있겠네요? 가능하긴 하지만, 아직 단 한 번도 없었어요. 대신 3위 팀이 우승한 경우는 두 번 있었어요. 1992년의 롯데 자이언츠와 2001년의 두산이 정규 리그 3위였다가 한국 시리즈 우승을 차지했어요.

2014 한국 프로 야구 포스트 시즌 대진 일정

수학 박사 수달이

집에 도착하니 진수성찬이 기다리고 있었어요. 수달이가 야구장에서 수학 공부를 척척해 오니, 엄마가 기뻤던 모양입니다. 밥을 먹고 난 수달이는 바로 수학 공부를 시작했어요.

벌써부터 다음 수학 시험이 벌써부터 기대됐어요. 아니나 다를까, 2014 브라질 월드컵 경기 수를 묻는 문제가 출제됐어요. 팀이 서른 두 개로 좀 많았지만, 수달이는 자신 있게 풀었어요.

문제

3/8 0.375
2/5

2014 브라질 월드컵에는 대한민국을 비롯해 총 32개 팀이 참가했어요. 4개 팀씩 8개조를 나눠 리그 방식으로 경기를 하고, 각조 1~2위 팀만 리그를 통과하게 됩니다. 이후 토너먼트 방식으로 우승을 가립니다. 브라질 월드컵 총 경기 수는 몇 경기일까요? (월드컵에서는 3~4위전도 합니다.)

정답: 리그전 48경기 (6×8), 토너먼트 16경기 (16-1=1), 3~4위전
48+16=64경기

수학 성적의 비밀
야구장 과외

며칠 뒤 성적표가 나오는 날. 수달이는 가슴이 너무 두근거렸어요.

선생님이 점수를 불러 주셨어요.

"수달이가…… 90점이네."

선생님은 말을 더듬으며 고개를 갸웃거렸어요.

수달이는 얼굴이 갑자기 빨개졌어요.

"수달아, 이따 수업 끝나고 잠깐 보자."

친구들이 수군거렸어요.

"내가 봤는데 말이야. 수달이가 저번 시험 때 짝꿍 답을 훔쳐보는 것 같더라니까."

수달이는 용기를 내 선생님을 찾아갔어요.

"수달아, 수학 점수가 계속 올라가던데. 요즘 무슨 학원 다니니?"

"아뇨."

"그러면 좀 이상한데. 혹시 친구 답을 봤니?"

"그것도 아니에요. 모두 제가 풀었어요."

"집에서 열심히 공부한 모양이구나?"

"아니요. 아빠한테 과외받고 있어요. 야구장에서요."

"야구장?"

선생님은 믿지 못하겠다는 표정이었어요.

"네. 정말 그래요. 나중에 100점을 받게 되면 그때 자세히 말씀드릴게요."

선생님은 이해할 수 없다는 표정을 지었어요. 수달이는 씩 웃고 교실로 돌아왔어요. 그날 저녁 모처럼 뷔페 식당에 가서 외식을 했어요.

"우리 수달이가 이렇게 수학을 잘할지 몰랐네."

수달이를 대하는 엄마의 태도가 확연히 달라졌어요.

"다 내 덕이지. 야구장에서 수학 공부시키는 아빠 있으면 나오라고 해 봐!"

아빠도 우쭐한 표정이었죠.

"와, 우리 오빠 수학 대장이야? 친구들한테 자랑해야지."

"아직은 아니야, 자인아. 그런데 나중에는 꼭 수학 대장 할 수 있을거야."

수달이는 너무 뿌듯했어요. 늘 오빠를 무시하던 동생이 어느새 자신의 팬이 돼 있었어요.

야구를 이해하면
수학을 이해할 수 있다?

"아빠. 야구를 통해서 수학 성적이 오른 건 사실인데요. 솔직히 더 잘할 수 있을지는 모르겠어요."

"지금까지 네가 배운 건 기초에 불과하지. 하지만 계속하다 보면 훨씬 어려운 문제도 풀 수 있지."

"아직 그런 사람이 없잖아요?"

"없긴 왜 없어? 미국의 어떤 아저씨는 초등학교 때부터 야구로 수학을 공부했다가, 나중에 유명한 통계학자가 됐어."

네이트 실버

2012년 미국 대통령 선거의 승자는 누구죠? 바로 오바마 대통령이죠. 그런데 미국 언론은 '진정한 승자는 네이트 실버'라고 했어요. 네이트 실버는 통계학자 입니다.

2008년, 2012년 대통령 선거에서 오바마의 승리를 족집게처럼 예측해 주목을 받았어요. '전 세계 가장 창조적인 인물 1위', '전 세계에서 가장 영향력 있는 100인'에 뽑히기도 했어요.

그런데 야구와 무슨 관계냐고요? 실버는 어릴 때 야구를 통해 수학을 이해했어요. 7세부터 아빠와 함께 야구장을 다녔는데, 그때부터 타율, 장타율, 출루율, 방어율 등 각종 야구 기록에 푹 빠졌대요. 대학에서 경제학을 공부하고 컨설팅 회사에 들어갔는데요. 회사 일이 너무 지루해 어릴 때부터 해 왔던 야구에 다시 관심을 가졌어요.

자신이 좋아하는 야구 선수의 성적을 예측하는 시스템인 페코타Pecota를 개발했어요. 페코타는 놀라운 적중률을 보였어요. 실버는 그 노하우를 정치 예측에 적용했어요. 그래서 가장 어렵다는 대통령 선거도 족집게처럼 예측했대요.

여러분도 야구를 열심히 보고 공부하면 수학의 달인이 될 수 있어요. 이미 실버 아저씨가 증명했잖아요. 이렇게 말했어요.

"야구 예측에 비하면, 대통령 선거는 아주 쉽다."

기록을 통해 승률 예측

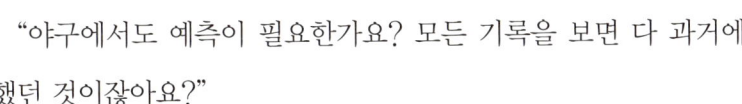

"야구에서도 예측이 필요한가요? 모든 기록을 보면 다 과거에 했던 것이잖아요?"

"선수나 팀이 남긴 기록을 통해서 앞으로 어떻게 될지 예측할 수도 있지."

"과거를 통해서 미래를 예측한다는 건가요?"

"그렇지. 과거 기록을 잘 살펴보면 미래의 방향을 읽을 수가 있는 거지."

피타고라스

"네이트 실버가 그렇게 했다는 건가요?"

"사실 네이트 실버 이전부터 그렇게 해왔지."

"언제부터인데요? 야구가 시작될 때요?"

"아니, 기원전부터일까?"

"뭐라고요? 기원전에요?"

"하하. 농담이다. 하지만 전혀 틀린 것도 아니다. 기원전 인물인 피타고라스가 야구에도 등장하니까."

'피타코라스'가 알려 주는 승률?

프로 야구는 한 팀당 100경기 이상을 치러요. 그럼 순위는 무엇으로 정할까요? 바로 승률을 이용해요. 승률은 전체 경기 중에서 몇 번이나 이겼나 따지는 거죠. 타율과 비슷한 개념이네요. 이긴 경기를 전체 경기 수로 나누면 돼요. 참, 경기 수에서는 무승부는 제외해야 해요.

$$승률 = \frac{이긴\ 경기}{이긴\ 경기 + 진\ 경기}$$

2014년 프로 야구 정규 리그 순위표를 한번 볼까요.

순위	팀	경기수	승	패	무	승률
1	삼성	128	78	47	3	0.624
2	넥센	128	78	48	2	0.619
3	NC	128	70	57	1	0.551
4	LG	128	62	64	2	0.492
5	SK	128	61	65	2	0.484
6	두산	128	59	68	1	0.465
7	롯데	128	58	69	1	0.457
8	KIA	128	54	74	0	0.422
9	한화	128	49	77	2	0.389

혹시 피타고라스라고 아시나요? 우리에게 '피타고라스의 정리'로 잘 알려진 수학자랍니다. 그런데 야구에도 이 사람 이름을 딴 '피타고리안 승률'이 있어요. 이건 진짜 승률이 아니라, 순위를 예측해 보는 공식이랍니다. 야구는 득점이 실점보다 많으면 이기는 경기라고 했죠. 그래서 피타고리안 승률은 득점과 실점을 따져서 승률을 예측합니다.

$$\text{피타고리안 승률} = \frac{\text{득점}^2}{\text{득점}^2 + \text{실점}^2}$$

실제와 피타고리안 승률이 거의 비슷하네요!

그럼 실제 승률과 피타고리안 승률을 비교해 볼까요.

순위	팀	득	실	득점²	실점²	득점²+실점²	피타고리안
1	삼성	812	621	659,344	385,641	1,044,985	0.63096
2	NC	737	608	543,169	369,664	912,833	0.595037
3	넥센	841	716	707,281	512,656	1,219,937	0.579768
4	LG	668	643	446,224	413,449	859,673	0.519062
5	롯데	716	719	512,656	516,961	1,029,617	0.497909
6	SK	735	760	540,225	577,600	1,117,825	0.483282
7	두산	687	744	471,969	537,289	1,009,258	0.46764
8	KIA	662	788	438,244	620,944	1,059,188	0.413755
9	한화	619	889	383,161	790,321	1,173,482	0.326516

그런데 왜 피타고리안 승률이라고 할까요?

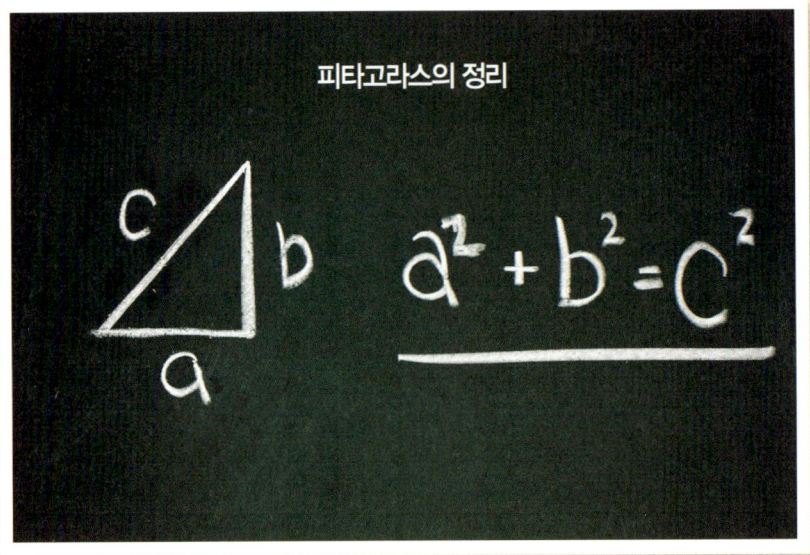

'피타고라스의 정리'와 조금 닮았죠. 그래서 피타고리안 승률이라고 해요.

그런데 야구에서는 이런 게 참 많아요. 통계를 통해 야구를 분석하는 걸 '세이버매트릭스Sabermetrics'라고 하는데, 아까 말한 네이트 실버도 세이버매트릭스를 공부했어요.

응원할 팀을 골라 보세요

"아빠, 이제 저도 야구를 배우고 싶어요. 오빠처럼 수학 대장 할래요."

"좋지. 그럼 먼저 응원할 팀을 골라야지. 그래야 야구를 재미있게 볼 수 있단다."

"아빠. 그럼 저는 어느 팀을 응원해야 할까요?"

"음. 자인이가 직접 골라 보렴. 고향 팀을 응원해도 좋고, 멋진 선수가 있는 팀을 골라도 되고."

"그럼 앞으로 야구 자주 보면서 응원할 팀을 정할래요."

"좋지."

147

지역 대항전

프로 야구 팀은 각자 자신의 지역을 대표하는데요. 우리나라, 미국, 일본 모두 마찬가지랍니다. 우리나라는 2015년부터는 이렇게 돼요.

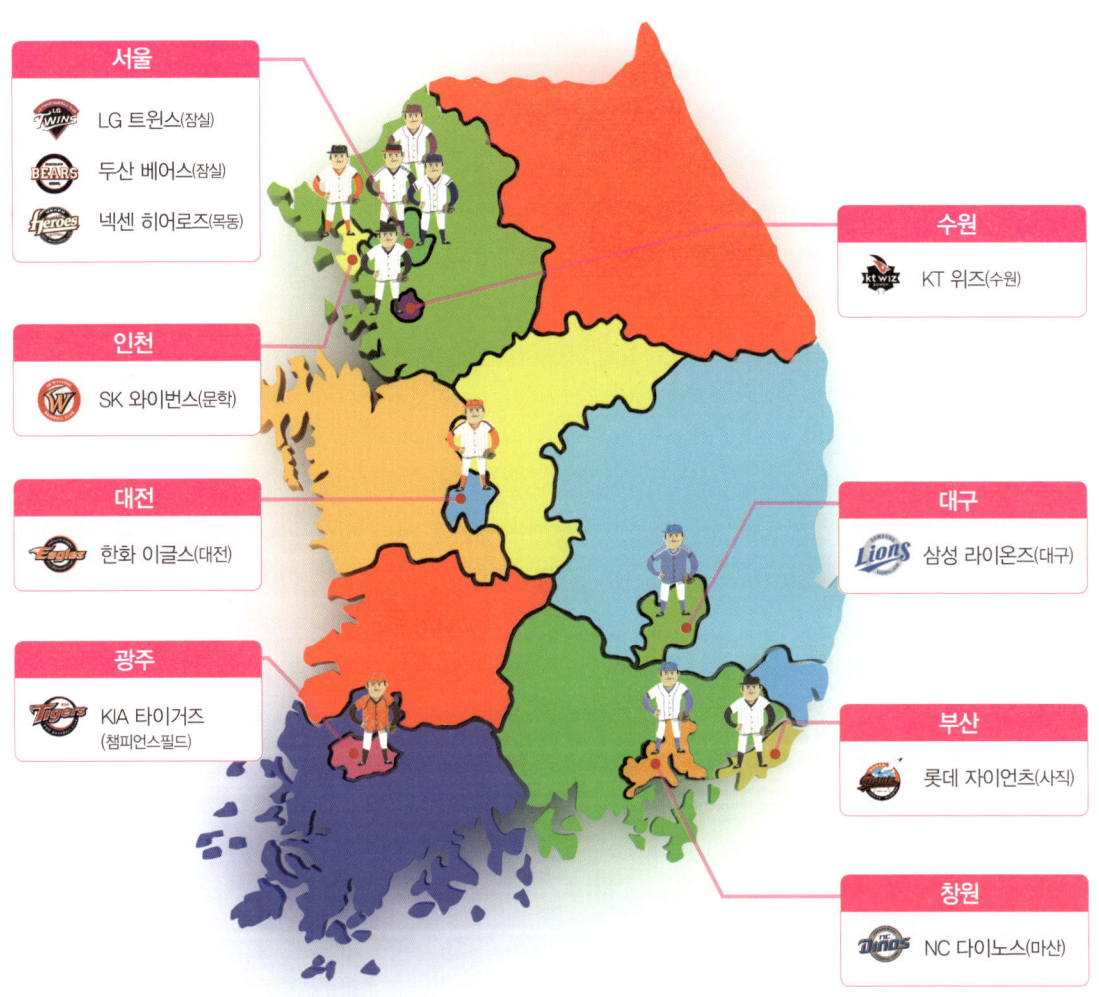

야구와 다양한 글러브

수달이는 벌써 응원하는 팀이 생겼어요. 정열적인 승부를 펼치는 이 팀이 처음부터 마음을 끌었거든요. 야구와 수학에 자신감을 갖게 된 수달이는 진짜로 야구를 하고 싶었어요.

"아빠, 이제 야구하는 것도 가르쳐 주세요. 몸으로도 느껴보고 싶어요."

"좋지. 그럼 글러브부터 사 볼까?"

수달이네 가족은 마트에 갔어요. 아빠, 수달이, 그리고 자인이까지 각자 원하는 글러브를 고르기로 했어요. 엄마는 야구공이 아직 무섭다고 사양했어요. 어른용과 어린이용은 물론 크기가 달랐죠. 하지만 같은 어린이용 글러브도 생김새가 영 딴판이었어요.

"정말 야구는 끝이 없네요. 글러브까지 이렇게 세세하게 따질 줄은 정말 몰랐어요."

뻥 뚫린 글러브 vs 꽉 막힌 글러브

유격수, 2루수

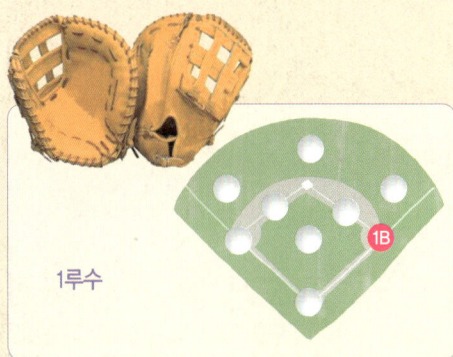

1루수

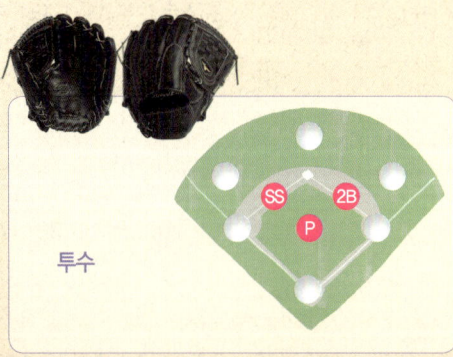

투수

외야수

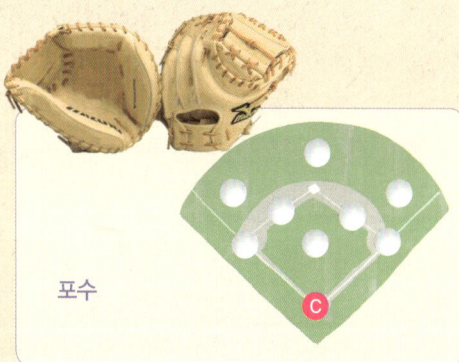

포수

수비할 때 끼는 글러브는 포지션에 따라 다르게 생겼어요. 자신의 역할에 따라 다른 거죠. 포수는 빠른 공을 잡아야 하기 때문에 글러브가 아주 두툼해요. 앞에서 말했듯, 강속구의 충격이 80톤이나 되거든요. 생긴 게 고기 덩어리와 비슷하죠. 그래서 글러브라고 부르지 않고, 미트Meat, 고기라고 불러요.

내야수 글러브는 작아요. 공을 빨리 꺼내야 하기 때문이죠. 가방이 크면 안에 있는 물건을 꺼내는 데 시간이 오래 걸리죠? 반대로 가방이 작으면 금세 꺼낼 수 있어요. 그 이치와 같아요.

그렇지만 1루수 것은 다르네요. 1루수는 주로 다른 선수들이 던진 공을 받는 경우가 많아요. 그래서 공을 잘 잡을 수 있게 좀 크게 생겼어요. 글러브라고 부르지 않고 포수처럼 미트라고 해요.

외야수는 주로 뜬공을 잡습니다. 그래서 내야수 글러브보다는 커야겠죠? 또 하나 특징은 공이 들어가는 곳인 웹공집이 뚫려 있어요. 뚫린 곳으로 날아오는 타구를 쳐다보기 위해서죠.

투수는 보통 모양의 글러브를 쓰는데, 다만 웹이 막혀있어요. 투수는 직구, 커브, 슬라이더 등 구종에 따라 공을 잡는 법그립이 다른데, 어떻게 잡는지 상대 타자가 알면 안 되겠죠. 그래서 공 잡는 걸 감추기 위해 글러브의 공 집이 막혀 있어요.

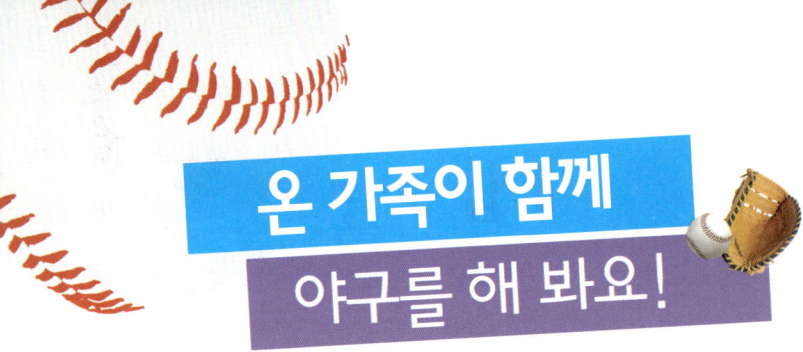

온 가족이 함께 야구를 해 봐요!

아빠는 글러브를 고른 뒤 간단한 야구 게임도 하나 구매했어요. 주사위를 굴려서 하는 고전적인 방식이었죠.

"우리 일요일마다 게임을 하자. 엄마랑 자인이도 함께."

"좋아요. 편을 갈라서 치킨 내기를 해요. 자인이한테 오빠의 능력을 보여 주겠어요!"

"흥. 오빠한테는 절대 지지 않을 거야. 두고 보라고."

엄마와 아빠, 그리고 수달이는 서로를 쳐다보며 활짝 웃었어요.

야구 게임을 즐겨 보세요!

게임 순서

❶ 주사위 두 개를 준비하세요.
❷ A4 용지에 야구장을 그리세요.
❸ 주자를 나타낼 수 있는 바둑알 몇 개를 준비하세요.
❹ 주사위 두 개를 던져서 나온 숫자를 합하세요.
❺ 숫자에 따라 하면 됩니다.

숫자를 합해서 다음 조건대로 해 보세요.

2	홈런	8	땅볼 아웃 (주자 있으면 병살)
3	3루타	9	땅볼 아웃 (주자 있으면 한 베이스 진루)
4	2루타		
5	1루타	10	플라이 아웃
6	볼넷	11	플라이 아웃 (3루에 주자 있으면 득점)
7	삼진	12	사구

중요한 건 기록을 해야 한다는 겁니다. 9회까지 잘 기록해서 1~9번 타자의 타율, 장타율, 출루율, 타점, 득점 등을 직접 계산해 보세요.

혹시 점수가 많이 나오지 않아 재미가 없으면 위 조건표를 고쳐서 해 보세요. 아웃 대신 안타를 더 넣으면 점수가 잘 나와요. 반대로 점수가 너무 많이 나오면 안타나 볼넷 등을 줄이고 아웃을 늘려 보세요.

그런데 경기 기록은 어떻게 할까요. 정식으로 기록하는 방법이 있지만, 여러분이 알기 쉽게 창작해도 상관없어요. 실제 경기 기록을 뒤에 실었으니, 참고하세요.

기록지

기록지가 무슨 암호로 가득 차 있네요. 머리가 어지럽죠? 그런데 알고 보면 참 쉬워요. 예를 하나 들어 볼까요?

좌비 – 앞 글자 좌는 수비 위치를 말해요. 즉, 좌익수입니다. 뒤 글자 비는 타격 결과를 말해요. 비飛, 즉 높이 뜬공을 말합니다. 영어로는 플라이Fly라고 하죠. 그래서 좌비 – 좌익수 플라이 아웃이에요.

앞 글자 수비 위치	뒤 글자 타격 결과
투 : 투수	비 : 플라이 아웃
포 : 포수	땅 : 땅볼 아웃
一 : 1루수	안 : 안타 1루타
二 : 2루수	2 : 2루타
三 : 3루수	3 : 3루타
유 : 유격수	홈 : 홈런
좌 : 좌익수	병 : 병살타 땅볼 하나로 두 명의 선수가 동시에 아웃
중 : 중견수	희 : 희생 플라이
우 : 우익수	파울 플라이 아웃

두 개를 짝 지으면 다양하게 만들 수 있어요. 유안은 '유격수 안타', 三파는 '3루수 파울 플라이 아웃'이 됩니다. 그런데 볼넷과 삼진은 그대로 볼넷, 삼진으로 씁니다. 그렇다면 아래에 있는 투수 부분도 한번 알아볼까요. 딱 하나 모르는 게 있네요. 투수 옆에 낯선 소수가 있네요.

박변화 7.2 – 이건 박변화 투수가 마운드에 오른 때를 말해요. 7회 2번 타자 때 등판했다는 뜻입니다. 이 기록지 한 장이면 한 경기 전체를 쉽게 파악할 수 있어요. 여러분도 게임을 하면서 이런 식으로 기록을 해 보세요. 그리고 타율이나 방어율도 계산해 보고요. 물론 장타율, 출루율도 구할 수 있어요.

돌고래 vs 적토마　　　　　　2014년 9월 9일 하늘구장

구단	1회	2회	3회	4회	5회	6회	7회	8회	9회	득점
돌고래	0	0	4	0	1	0	0	2	0	7
적토마	1	0	3	0	1	0	1	4	X	10

돌고래	1	2	3	4	5	6	7	8	9	타수	안타	타점	득점	타율
안타신	우비		볼넷	우안		유땅		유땅		4	1	0	1	0.250
도루왕	투땅		사구	二땅		삼진		삼진		4	0	0	1	0.000
장타율	사구		유안		一땅		좌안	중홈		4	3	2	2	0.750
나거포	좌비		우홈		좌안		우안	좌비		5	3	4	2	0.600
이타격		좌비	一직		좌안		三안		볼넷	4	2	0	0	0.500
박수비		볼넷	一비		우안		삼진		삼진	4	1	1	0	0.250
김침착		우안		중비	좌비		삼진		우비	5	1	0	0	0.200
신기록		삼진		유땅		중비	삼진		좌비	5	0	0	0	0.000
박철벽			삼진	볼넷		중안		중2		3	2	0	1	0.667
합계										38	13	7	7	0.342

적토마	1	2	3	4	5	6	7	8	9	타수	안타	타점	득점	타율
강출루	좌안		三파		삼진		우2	좌2		5	3	2	3	0.600
이안타	二땅		二실		볼넷		투땅	二땅		4	0	0	3	0.000
신중안	유땅		우안		우안		볼넷	우안		4	3	5	0	0.750
이만루	삼진		二비		좌희		二땅	三직		4	0	1	0	0.000
송구왕		삼진	좌안		삼진		유땅			4	1	1	0	0.250
장포수		중비	좌비			볼넷		二안		3	1	0	1	0.333
김구장		좌비		三땅		투땅		좌안		4	1	0	1	0.250
이속주			사구	유땅		三비		유비		3	0	0	0	0.000
나대타			좌안	투땅		우비		볼넷		3	1	0	1	0.333
합계										34	10	9	10	0.294

돌고래		이닝	타수	안타	홈런	볼넷	삼진	실점	자책점	방어율
강속구		6	24	6	0	2	4	6	3	4.50
박변화	7.2	2	10	4	0	2	0	4	4	18.00

적토마		이닝	타수	안타	홈런	볼넷	삼진	실점	자책점	방어율
이고속		6	24	8	1	3	3	5	5	7.50
차보조	7.3	3	14	5	1	1	5	2	2	6.00

전광판

전광판은 눈에 한번 익히면 정말 편하게 이용할 수 있어요. 양 팀의 점수 밑에 각 팀의 기록이 간단하게 나와 있어요. 영문 기호를 한번 볼까요. 약간의 영어 실력만 발휘하면 쉽게 알 수 있어요.

- **CH**: 스트라이크와 볼을 판정하는 주심
- **Ⅰ, Ⅱ, Ⅲ**: 각각 1, 2, 3루에 있는 심판

- **R**(Runs): 득점
- **E**(Error): 실책 수비가 공을 놓치거나, 잘못 던져서 아웃될 타자를 살려주는 것
- **B**: 볼
- **O**: 아웃 카운트

- **H**(Hits): 안타
- **B**(Base On Balls): 볼넷
- **S**: 스트라이크
- **FC**: 야수 선택

- **HR**(Home Run): 홈런
- **RB**(Runs Batted in): 타점 타자가 안타 등으로 주자를 홈으로 불러들였을 때 기록, 타자에게 홈런 이상으로 중요한 기록
- **AV**(Average): 타율

156